中华青少年科学文化博览丛书·文化卷 >>>

图说世界著名故居 >>>

中华青少年科学文化博览丛书·文化卷

图说世界著名故居

TUSHUO SHIJIE ZHUMING GUJU

吉林出版集团有限责任公司 | 全国百佳图书出版单位

前 言

　　故居是指人从前居住过的地方。名人故居,就是经过多方考证,证实在历史的上文人墨客、政治家等具有一定影响力的人物,曾经居住的地方,是一种特殊的文化载体。

　　它历经时间的洗刷依然记录并留下了这些人物日常生活的点点滴滴,具有一定的文化价值。目前一部分被列为"全国重点文化遗产保护单位",如毛主席故居、老舍故居等。

　　这里往往是名人们梦想最初起航的地方,他们在或许在这里出生、成长,得到了人生最初的启蒙,也可能在这里思考、挣扎、领悟了不一样的人生真谛。

　　本书介绍了历史上闻名遐迩的一些音乐家、画家、政治家、科学家的故居。

　　这些名人有的出生贫寒,却生长在山清水秀的人文之地,靠着自学成才;有的则是出生于音乐世家,从小耳濡目染受到良好的熏陶和教育。

　　能保存下来并且能供人瞻仰的名人故居是一笔珍贵的财富,这些故居中陈列着名人用过的笔墨纸砚、音乐器材以及一些巨作的手稿,不可复制,异常珍贵。

　　追思名人故居,能感受到他们那个时代的气息,能体会到他们那个时代的精神,帮助我们真正走入这些名人的内心,并且用他们的精神激励着我们前进。

　　名人的影响是巨大的,在肖邦的故乡波兰街头,处处摆放着可以演奏肖邦传世名作的长椅,成为波兰市最靓丽的一道风景线,让人们在瞻仰名人故居的小憩之余,享受音乐的无穷魅力,可谓独具匠心。

　　在泰戈尔故居,前来观赏的人们虽然络绎不绝,但没有一个人喧哗,只是闭上眼睛朗诵着他动听的诗句,仿佛置身于那个浪漫的时代。

　　每一位名人都是一部深邃的大书,每一座名人故居都有一段奇妙的故事。

　　名人,在自己有限的生命中,创造了惊世骇俗的辉煌和永恒,影响着后人。

　　名人故居,忠诚地记录了主人在创造辉煌和永恒过程中那荡气回肠的欢笑和痛苦。

　　走进名人故居,仿佛又见到了昨日的他们,但丁、莎士比亚、歌德、狄更斯……

　　一串串闪耀着光芒的名字,他们的音容笑貌,掷地有声的举止言谈,令我深切地感受到曾经辉煌过的名人们的理想、信念、胸怀、情操、精神之伟大、之神圣、之永恒!

目 录

易卜生故居（挪威）
　　——剧作家的生命原版…………… 7

海明威故居（古巴）
　　——冒险者的起点……………… 12

泰戈尔故居（印度）
　　——让诗人百年留香…………… 17

巴尔扎克故居（法国）
　　——咖啡狂人的人间喜剧………… 22

高尔基故居（俄罗斯）
　　——苦人的豪宅………………… 27

塞万提斯故居（西班牙）
　　——西班牙的文化丰碑…………… 32

但丁故居（意大利）
　　——石屋里吹响了神曲…………… 37

歌德故居（德国）
　　——全能天才的创作室…………… 42

马克·吐温故居（美国）
　　——粗犷水手的温情家园………… 47

雨果故居（法国）
　　——正义战士的基地……………… 52

托尔斯泰故居（俄罗斯）
　　——一个"农民的办公室"………… 57

莎士比亚故居（英国）
　　——哈姆雷特之父的家…………… 63

狄更斯故居（英国）
　　——幽默大师的"荒凉山庄"……… 68

肖邦故居（波兰）
　　——"钢琴诗人"的故土…………… 73

卡夫卡故居（捷克）
　　——布拉格黄金 22 号…………… 78

目 录

马克思故居（德国）
　　——无产阶级的精神家园 ………… 83

伏尔泰故居（法国）
　　——边陲小镇上的诗人之家 ……… 88

毛泽东故居（中国）
　　——伟大领袖的诞生地 ………… 93

老舍故居（中国）
　　——典型的老北京四合院 ……… 98

居里夫人故居（波兰）
　　——这里住着"镭"的母亲 ……… 103

绍兴鲁迅故里（中国）
　　——从百草园到三味书屋 ……… 108

邓小平故居（中国）
　　——永远瞻仰的"邓家院子" ……… 114

简·奥斯汀故居（英国）
　　——女作家的"文学宝库" ……… 119

诺贝尔故居（瑞典）
　　——全世界最伟大的"颁奖人" …… 124

"猫王"普雷斯利故居（美国）
　　——"美国历史地标" …………… 129

托马斯·杰斐逊故居（美国）
　　——罗马万神殿的构形 ………… 134

郭沫若故居（中国）
　　——一个诗人、学者兼战士的家 …… 139

华盛顿故居（美国）
　　——大西洋岸的弗农山庄 ……… 144

达尔文故居（英国）
　　——闲情逸致的植物庄园 ……… 150

李鸿章故居（中国）
　　——晚清重臣的居所 ………… 155

1 易卜生故居（挪威）
——剧作家的生命原版

挪威国旗

1. 与皇宫毗邻的剧作家故居
2. 药店小房间里写出的伟大诗剧
3. 写字台上还留有文豪的墨迹
4. 漂泊于世界的灵魂
5. 他写到了生命的最后一刻

◤ 与皇宫毗邻的剧作家故居

挪威首都奥斯陆南边的小城斯基恩，是个保留着北欧中世纪建筑的城市。城中，那座塔楼高耸、气势雄伟的大教堂，更让人们惊叹不已。

一天，有个满头鬈发、相貌俊秀的孩子路过教堂时，突然吵着要陪伴他的女仆带他一起登上塔楼看风景。当孩子从高空看到自己家的房子、广场的车马、只有玩具一般大小的行人时，兴奋得拍手欢呼起来。这一刻，他从高空看世界的感觉，似乎影响到这孩子的一生。几十年后，这个名叫易卜生的孩子成为著名的剧作家。

易卜生故居坐落在奥斯陆市中心达门斯维恩大街，是一座在半山上的二层白色小楼。与皇宫毗邻，奥斯陆纬度高，和煦的太阳百年如一日地

易卜生像

照耀着这里的峡湾、森林、皇宫和街巷，易卜生就是出生在这样一个温暖和煦的地方。

由于这里是其父亲破产前一家人的居所，很多陈设都如同工艺品一

般精致,易卜生母亲画的水彩画还挂在墙上,特别是餐厅,无论是吊灯还是餐具都很讲究。

二层阁楼内的尖顶小屋对易卜生来说非常重要,因为他在那里接受了戏剧的启蒙教育,至今他当时自己演木偶戏的小舞台还摆在屋子正中。

在希恩市中心广场上竖立着易卜生的巨大雕像。

药店小房间里写出的伟大诗剧

易卜生1828年出生在挪威南部希恩的一个商人家庭。19世纪初,挪威国内政治动荡,经济萧条,易卜生的父亲惨淡经营也终没免遭破产的结局,家道从此衰落。为了生计和前途,易卜生16岁时便去格利姆斯塔一家药店当学徒。

年轻的易卜生对生活的艰难和庸俗势利的社会时弊感到极端苦闷,在欧洲革命浪潮和挪威民族解放运动的激荡下,他改学戏剧,开始了创作。他的第一部剧作就是1849年在药店的一间小房间里写出来的。

写字台上还留有文豪的墨迹

易卜生故居博物馆原封不动地修复和保留了易卜生生前的写作室。为了这些珍贵的文物不受损坏,通往客厅的门用整块玻璃封闭起来,只能

易卜生故居

透过玻璃端详易卜生生前写作的地方。百年岁月,不知销蚀风化了多少往事记忆,也堆积燃烧着如炭如焦的怀想。

右侧靠窗的写字台上依稀还留有文豪的墨迹和肘痕,对面壁炉前围聚小木茶几的沙发间,似乎还回荡着文豪与客人论辩和朗笑的声音。

漆成蓝色的墙壁上琳琅满目地悬挂着大大小小的画像,最引人注目的是窗边那幅瑞典文学院授予易卜生文学博士时的留影。这位儿时没读多少书,年轻时想进大学深造却被拒之门外的文豪,紧抿着嘴,深邃的目光透过眼镜,仿佛在对社会现象作深刻的洞察和批判,右手握着一杆笔,准备随时把思想灵感写下来。

深色的博士袍包裹着一颗理想与现实时刻碰撞矛盾的心魄,智慧的光芒在胸前悬挂的勋章上闪亮。

除了写作,易卜生还擅长油画,尤其擅长画服饰,寓所中悬挂的许多油画都是他自己所画。

走进易卜生博物馆,就走进了易卜生生活和工作的世界。这里将街市的喧闹关在了门外。博物馆门口一尊黑石的易卜生雕像,剧作家深邃的双眼注视着来往的游人。

故居一角

博物馆依然保留了当年的布局,只是时光流逝,许多家具已经遗失。饭厅的墙壁是红色的,通常只举行生日宴会时用,摆放在墙角的钢琴是当时的原物。

挪威著名的音乐家格里格经常来看望易卜生,在他家弹奏几曲自己的音乐名篇。格里格比易卜生小六岁,出生于卑尔根的一个商人家庭。

他们之间有着深厚的友谊。格里格曾应易卜生的请求为他的戏剧谱写了著名音乐《彼尔·金特》。

正是由于这部剧作鲜明的主题、深刻的内涵和优美的音乐,使得易卜生一时间蜚声欧洲大陆,逐步走向"现代戏剧之父"的圣坛。

漂泊于世界的灵魂

藏书室的墙壁则是褐色的,藏书

已被移走，四面墙上张挂着易卜生各个时期的照片。有的神色凝重、有的眉开眼笑，还有他生前获得的许多勋章、奖牌和纪念章也被妥帖地安排在藏书室中。

他在诗剧《奥拉夫·利列克郎》中借吟游诗人之口所咏唱的："孤单的吟游诗人，没有房屋也没有家乡。永远得不到休息，是心在促他游荡。"尽管他无限钟情故国，眷恋乡土，甚至对一位德国读者说："你若要充分了解我，必须先了解挪威。"

尽管他作品的风格和这个国家的美丽、深邃、孤独、傲岸的特殊气质紧相联结，密不可分，但是漂泊、流荡乃是他原生的生命状态，剥除了这种状态，易卜生的形象便会随之而黯然失色。

1874和1885年，他曾两度回挪威做短暂的逗留。《玩偶之家》(1879)，又译《娜拉》或《傀儡家庭》。女主人公娜拉伪造父亲的签字向人借钱，为丈夫海尔茂医病。丈夫了解原委后，生怕因此影响自己的名誉地位，怒斥妻子下流无耻。当债主在娜拉的女友感化下主动退回借据时，海尔茂又对妻子装出一副笑脸。娜拉

易卜生雕塑

看透了丈夫的自私和夫妻间的不平等，不甘心做丈夫的玩偶，愤然出走。

恩格斯曾说过，娜拉是有自由意志与独立精神的"挪威的小资产阶级妇女"的代表。剧本提出了资本主义社会的伦理道德、法律宗教和妇女解放等问题，但没有也不可能作出解决。《玩偶之家》演出后，引起了激烈的反响。但娜拉要求个性解放、不做"贤妻良母"的坚决态度遭到上流社会的责难和非议。

▧ 他写到了生命的最后一刻

在易卜生妻子的卧室中，陈列着易卜生葬礼的照片和物品，卧室里保存着旧式的木床是剧作家生命最后的方舟。

1906年，他在写作时倒下，终年78岁。国王和议会以及各界名人都送了挽联，奥斯陆的群众自发上街为易卜生送行。参观者往往会提出这样的疑问："墓碑上只雕刻了一个榔头，它表达了什么象征意义？显示了怎样一个深奥的哲学思想？"研究者众说纷纭，莫衷一是。

易卜生一生创作了25部剧本。他的创作在当时是颇具代表性的。他一生都在寻找创作源泉。早年在历史中寻求力量，在哲学中探索人生的宗旨。他坚持严肃的戏剧应当通过人性的冲突表现对真理的探求，这正是易卜生作品的一个显著特点。

易卜生认为自己不是任何一个人的附庸，而是人民的剧作家。

有一次，当人们赞扬他为戏剧演员创作了众多优秀作品时，他却宣称："我不是为演员创作，我是为人民创作的！"易卜生不仅善于通过戏剧来揭露人类灵魂的最深处，同时他还是一位语言大师。他戏剧中的对话永远是那么明快生动，往往又充满了哲言睿语，精辟锋利，释放出巨大的人文力量。

故居主人小档案

易卜生

亨利克·约翰·易卜生（1828—1906），挪威戏剧家、诗人。1828年3月20日出生于挪威南部希恩镇的一个木材商人家庭。16岁时他到格里姆斯塔镇上的一家药材店当学徒。工作余暇，经常阅读莎士比亚、歌德、拜伦的作品，随后自己也动手写诗，并学习拉丁文。6年艰苦的学徒生活，磨练了他的斗争精神，同时也培育了他的创作兴趣，这在他一生中是一个重要阶段。

2 海明威故居（古巴）
——冒险者的起点

古巴国旗

1. 海边的维西亚小庄园
2. 文学生命的摇篮
3. 一个优秀的猎手
4. 喜欢站着写作的文豪
5. 他曾经也过着老人与海的生活

海边的维西亚小庄园

从哈瓦那往东 20 分钟车程，就是圣玛利亚海滩。18 千米长的白沙海滩，细白的沙滩，清澈的海水，碧蓝的水波。

哈瓦那西部小海湾畔有海明威海洋公园，海明威在此度过了 21 年的流亡生涯，完成了《老人与海》、《丧钟为谁而鸣》等小说作品，去世一年后他的遗孀将这座故居捐赠给古巴政府。同年，古巴政府将其改建为海明威故居博物馆。这位诺贝尔文学奖获得者的故居吸引了许多慕名而来的参观者。

如今，维西亚小庄园仍然是海明威的家。它空着，却充满生机。往上瞧，是一个信箱；在小庄园图书馆的桌子上，一个橡皮图章上刻着："我从不写信"。

文学生命的摇篮

庄园里有海明威的起居室、卧室、餐厅、厨房、卫生间，他的两间书房，以及他孩子的卧室。园中有一个附带更衣室的游泳池，海明威出海所

伏案写作的海明威

海明威故居

用的游艇也完好的保存在这里。游泳池旁是海明威四只爱猫的墓。

二楼是海明威出生的房间,这是一间宽敞而明亮的卧室,摆设和用具非常简朴,一只钢管支架的大床摆在卧室中间。

1899年7月21日,海明威就在这里出生。海明威的父亲是位医生,卧室床脚的筐里盛着人手的骨骼模型,小方几下直接放着一颗骷髅,书桌上木盒打开,里面是显微镜,衣柜门外靠着一整块玳瑁的壳和海葵、海星的化石。海明威对生物学的强烈兴趣及对野外活动的痴迷大概就是从这里启蒙的。

这里的布置自海明威离开后就一直没动,保持了原样。卧室隔成了两小间,一间里摆着一张矮脚的双人床,床脚和窗边的鞋柜里整整齐齐地排着特大号的拖鞋和皮鞋,书柜直顶到天花板。

一个优秀的猎手

客厅摆放着一架钢琴,琴上有一尊贝多芬石膏像。壁炉里有霓红闪烁,像久久不息的火苗。

居室陈列着海明威画过的画品,以及他拣的贝壳、石头、枫叶。墙壁上悬挂着海明威用榛子喂松鼠、在密歇根湖边钓鱼、在芝加哥河中划船的老照片。

这一切,都印证着海明威对生活

图说世界著名故居

海明威的书房

▶ 喜欢站着写作的文豪

海明威写作时，有一个常人所没有的习惯，这就是站着。他说："我站着写，而且用一只脚站着。我采取这种姿势，使我处于一种紧张状态，迫使我尽可能简短地表达我的思想。"有人问他："您简洁风格的秘诀在哪里？"他就简单地回答说："站着写！"据说这里也是海明威和他的情人们幽会的地方，一般情况下门是不开的。

在庄园中，有一幢三层高的小塔楼。第一层当年是海明威的猫房。海明威喜欢动物，生前一共养了100多只猫。如今猫们皆已"仙去"，这一层就改做供游客使用的洗手间了。

海明威刚来古巴定居的时候，同第三任妻子玛瑟结婚不久。他为爱妻在住宅附近修了一个巨大的游泳池，池底坡度由浅至深，最深处近3米。池旁摆着几张巨大的安乐椅，都漆成白色。虽历经年，风吹日晒，但颜色都没有什么变化。

游泳池的旁边，是海明威心爱的"皮拉尔"号游艇。这艘船原来一直

浓厚的兴趣和非凡的经历。海明威是一个优秀的猎手，曾经几次去非洲打猎，所以他的故居到处都摆着或挂着他的狩猎品，或是一个硕大无比的羚羊或野牛头，或是一件五色斑斓的豹皮。

海明威共收藏了7 000多册书。书房里的书柜上，紧邻窗户安放着一架老式的打字机，当年他就是用这台打字机写出了《过河入林》和《老人与海》等脍炙人口的作品。

泊在柯希玛尔港,改建博物馆的时候搬到这里来,供后人参观。游艇的前面,有四面小小的白色墓碑,各自写着海明威生前四只爱猫的名字。

◤ 他曾经也过着老人与海的生活

获奖后的海明威患有多种疾病,给他身心造成极大的痛苦,没能再创作出很有影响的作品,这使他精神抑郁,形成了消极悲观的情绪,终于像他的祖父和父亲一样以自杀这种方式解脱了自己。这也是海明威"硬汉精神"的一种追求吧。

1961年7月2日,蜚声世界文坛的海明威用自己的猎枪结束了自己的生命。全世界都为此震惊,人们纷纷叹息这位巨人的悲剧。美国人民更是悲悼这位美国伟大作家的陨落。

正如约翰·肯尼迪总统的唁电所说:"几乎没有哪个美国人比欧内斯特·海明威对美国人民的感情和态度产生过更大的影响。"他称海明威为"20世纪最伟大的作家之一"以文学硬汉著称。

作为20世纪美国最伟大的小说家,海明威那一枪,不仅打飞了自己大半个天灵盖,而且把整个美国,甚至全世界都给打懵了。人们马上意识到,某种至关重要的东西骤然间从这个世界上消失了。海明威一死,他

海明威故居一角

们自己的一生也就黯然失色。人们痛不欲生,仿佛海明威"把我们的生命也给毁了。如今我也是个死人了"。

海明威的打字机

胡安·贝尔蒙德,这位西班牙最杰出的斗牛士,在听到"欧奈斯特刚刚自杀了"这个"晴天霹雳"时,只是慢慢但很清晰地吐出了三个字"干得好!"之后,他也用同样的方式了结了自己的一生。

海明威太伟大了,伟大得如同一棵参天大树。如今,树倒了,人们该到哪里去乘凉呢?而那些被这棵大树压得喘不过气来的人总算找到了可以教训海明威这头老狮子的机会:"谁会干出这种脏兮兮的事?怎么能留下乱七八糟的一堆脏东西,让人家来清扫?"著名出版人阿诺德·金里奇的幸灾乐祸之情溢于言表。

至于美国公众的心情,大诗人弗罗斯特在海明威自杀的次日作了恰如其分的描述:他坚韧,不吝惜人生;他坚韧,不吝惜自己。值得我们庆幸的是,他给了自己足够的时间显示了他的伟大。他的风格主宰了我们讲述长长短短的故事的方法。我依然记得我想对碰到的每一个人大声朗诵《杀人者》的那股痴迷劲。他将是我永远怀念的朋友。举国上下沉浸在哀痛之中。

故居主人小档案

海明威

欧奈斯特·米勒·海明威(1899.7.21—1961.7.2),美国小说家。出生于美国伊利诺伊州芝加哥市郊区的奥克帕克,晚年在爱达荷州凯彻姆的家中自杀身亡。海明威代表作有《老人与海》、《太阳照样升起》、《永别了,武器》、《丧钟为谁而鸣》等,凭借《老人与海》获得1953年普利策奖及1954年诺贝尔文学奖。海明威被誉为美利坚民族的精神丰碑,并且是"新闻体"小说的创始人,他的笔锋一向以"文坛硬汉"著称。

海明威的写作风格以简洁著称,对美国文学及20世纪文学的发展有极深远的影响。

3 泰戈尔故居（印度）
——让诗人百年留香

印度国旗

1. 加尔各答的宁静雅居
2. 赤脚写诗的"画家"
3. 躺椅上的纯净灵魂
4. 他构筑的诗意王国
5. 故居纪念馆的中国展厅

◤ 加尔各答的宁静雅居

泰戈尔故居，位于印度加尔各答市两层的红色小楼，泰戈尔就出生在这里，也是在这里度过了他生命中最后的那段时光。里面的陈列展品，可以一窥泰戈尔的生活。

这是一个有几千平米的院落，清洁、宁静，有草坪、大树，绿意昂然、漂亮古朴的红色二层小楼上爬满藤蔓，泰戈尔雕像和他的照片放在显眼的位置。泰戈尔故居吸引不少游客慕名而来。中国国画大师徐悲鸿曾经到此拜访过泰戈尔，畅谈艺术与人生。

泰戈尔出生于印度加尔各答一个富有的家庭，所以，他的故居很是气派和豪华，是一幢用大理石建的殖民地时期的富豪宫殿。

泰戈尔像

故居在加尔各答老街上的一条小巷里。门口有他的大理石雕像，是西式的写实雕塑，与印度寺院里那些古代雕像的风格毫无共同之处。

两层楼的白色英式建筑,规模宏伟,像个修道院,中间是庭园,被一个有拱门的回廊所环绕,很多房间都辟为展厅。楼板被流水般的脚掌打磨得非常光滑,光着脚在上面走,有一种安全感。

泰戈尔的书房卧室还保持着原来的面貌,屏心静气站在诗人那摆满鲜花的床前,似乎还能感受到一代大师平静的呼吸。

赤脚写诗的"画家"

泰戈尔的诗是赤脚写的,歌颂大地、花朵、女人、爱情和神灵,他也关心底层的农民。为此,他不仅是精神领袖,也是社会领袖。

故居的周围墙壁,挂满他的彩色画作,有几张还是我们熟悉的泰氏名著封面画。据介绍,诗圣于此写了30首诗和几篇小说,当然,他在70岁高龄时,突然对绘画产生了浓厚的兴趣,于是开始了绘画创作,他的画作与他的小说一样,充满纯净的浪漫主义色彩,令人神往。

他也关心生活在底层的农民,他晚年的照片显示,他不仅是精神领袖,也是社会领袖,接见潮水般前来

泰戈尔故居

朝拜他的代表团。

泰戈尔在中国的书里,是白髯长衫的高僧大德;而过去的照片显示他曾经是个健美先生,肌肉结实,穿着短裤,戴着拳击手套,做出炫耀胸肌的样子。晚年的泰戈尔在庭院里飘着,失去了肌肉。

就像泰戈尔的诗句所说的,"天空没有鸟的痕迹,但我已飞过"。在21世纪的天空里,依然满布着泰戈尔先生的痕迹。

躺椅上的纯净灵魂

故居中摆放着他常坐的摇摆躺椅,用一块白布严严实实包扎,他的摄影照片前有一个插着鲜花的窄颈瓷瓶,小香案上轻烟冉冉,有一名穿短裤的杂役正在认真打理。一切显得那样静谧从容,能想象出这位伟大的诗人在创作累了小憩时,躺在摇椅上静思的情形。

他构筑的诗意王国

直到现在,泰戈尔诗歌朗诵还在世界各地被传送,在印度尤其盛行。在参观泰戈尔故居时,游客边参观边听泰戈尔诗歌朗诵,边唱泰戈尔诗歌改编的歌曲,神情虔诚认真。印度人以泰戈尔为骄傲,他们把泰戈尔故居

泰戈尔塑像

当作国宝级的文化教育场所。

对泰戈尔来说,他的诗是他奉献给神的礼物,而他本人是神的求婚者。他的诗在印度享有史诗般的地位。他本人被许多印度教徒看作是一个圣人。他参加领导了印度的文艺复兴运动,除写诗外泰戈尔还写了小说、小品文、游记、话剧和2 000多首歌曲。

他的散文内容主要体现社会、政

治和教育，他的诗歌，除了其中的宗教内容外，最主要的是描写自然和生命。在泰戈尔的诗歌中，生命本身和它的多样性就是欢乐的原因。同时，他所表达的爱（包括爱国）也是他的

泰戈尔故居内

诗歌的内容之一。

印度和孟加拉国的国歌都是使用泰戈尔的诗歌。其中印度的国歌就是《吉檀迦利》。维尔弗德·欧文和威廉·勃特勒·叶芝被他的诗深深感动，在叶芝的鼓励下，泰戈尔亲自将他的《吉檀迦利》译成英语，1913年，他为此获得了诺贝尔文学奖。为了抗议1919年札连瓦拉园惨案，他拒绝了英国国王授予的骑士头衔，他是第一个拒绝英王授予荣誉的人。

泰戈尔主要作品有诗作《吉檀迦利》，小说《两亩地》《沉船》等。1913年作品《吉檀迦利》获诺贝尔文学奖。获奖理由："由于他那至为敏锐、清新与优美的诗；这诗出自于高超的技巧，并由于他自己用英文表达出来，使他那充满诗意的思想业已成为西方文学的一部分"。

▧ 故居纪念馆的中国展厅

1924年春天，应中国学者梁启超、蔡元培之邀，泰戈尔开始了他的中国之行。一个月后，梁启超在祝福泰戈尔64岁生日的宴会上说："今天我们所敬爱的天竺（古代印度的称呼）诗人在他所爱的震旦（从前印度对中国的称呼）过他64岁生日。我用极诚恳、极喜悦的心情，将两个国名联起来，赠给他一个新的名字叫'竺震旦'！"就这样，泰戈尔终于实现了把自己永远地和这个伟大东方国度联系在一起的愿望。

泰戈尔与中国有着难解的情缘，所以在他的故居里有很多中国的印记——与徐志摩、陆小曼、徐悲鸿的合影。为了纪念那段历史，泰戈尔故居纪念馆在2010年新增设了"泰戈尔与中国展厅"，以纪念泰戈尔为中

故居风格独特

印两国之间文化交流所作的伟大贡献。

1929年泰戈尔以私人身份再次访华,会晤了徐志摩以后,再未来过中国。但是他对中国人民的情意绵延不断。他的书室专门挂有两幅画有松荫亭榭、小桥流水、老翁执卷坐读的中国山水画。他曾深情地回忆:"中国人爱好艺术,普通人家的碗盘杯碟上都有美丽的图案,他们的日用品同艺术品一般做工精美。中国确实是名副其实的艺术之邦!"

1938年初,当他在报纸上读到日本军队出征前举行祭祀、祈祷胜利时,不禁怒火中烧,义愤填膺地写了声讨日本军国主义的名作《射向中国的武力之箭》。

在诗中,他愤怒谴责日本军队在中国烧杀抢掠的滔天罪行,尖锐地揭露日本士兵礼敬佛陀的虚伪。

他还亲自参加援华抗日活动,抱病率领国际大学艺术团在加尔各答进行义演。他呼吁印度人民向中国提供各种形式的物质援助,他本人亦慷慨解囊,为援华基金捐款500卢比。他的正义行动大大激发了印度广大群众支援中国人民的热情。他在致中国人民的信中预言:胜利的种子将在中国人民的心田发芽、开花、结果。

1957年,周恩来总理访问印度时饱含深情地说:"中国人民永远不能忘记泰戈尔对他们的热爱。中国人民也不能忘记泰戈尔对他们的艰苦的民族独立斗争所给予的支持。"

故居主人小档案

泰戈尔

拉宾德拉纳特·泰戈尔,印度诗人、哲学家和印度民族主义者,1913年他获得诺贝尔文学奖,是第一位获得诺贝尔文学奖的亚洲人。在他的诗中含有深刻的宗教和哲学的见解。对泰戈尔来说,他的诗是他奉献给神的礼物,而他本人是神的求婚者。他的诗在印度享有史诗的地位。代表作《吉檀迦利》《飞鸟集》。

图说世界著名故居

4 巴尔扎克故居（法国）
——咖啡狂人的人间喜剧

法国国旗

1. 在花园中可以看见艾菲尔铁塔
2. 《人间喜剧》的集中创作地
3. 咖啡狂人的疯狂创作
4. 巴黎由于他的去世已经昏倒了
5. 罗丹为他塑了的雕像

◼ 在花园中可以看见艾菲尔铁塔

去过巴黎的人都知道，在这个闻名于世的巴黎城内，有许多名人的故居，而巴尔扎克的故居一定是你的必去之处。

巴尔扎克故居位于巴黎十六区巴士街47号，是建于文艺复兴时期一幢灰房子，房子建在半坡上。比起他最初栖身的莱斯提居尔街9号，这所房子要阔气得多。从巴士街看似一所平房，进去方知是一座三层小楼。

走下长长石梯，是一团小院，覆盖在浓荫之下，小院后面还有一个大门，外面是塞纳河，这种格局好像专为逃债而设。

巴尔扎克在这座城市居住30年，因为穷困潦倒，躲避债务，经常像老

巴尔扎克雕像

鼠一样搬家。最初曾栖身于莱斯提居尔街9号顶楼梯间，门窗腐朽，四面透风，冬天没有火炉。为了节省衣服，常常闭门不出。不得已时，下5层楼梯到6条街以外去汲水。

22

为了对付随时可能造访的债主和税警,巴尔扎克和他的老仆定了暗号:"开吧,西桑",仆人才开门。听到"我从比利时带来花边",才允许引进客厅。如有意外,巴尔扎克就赶紧从这胡同里的后门逃跑。前门、后门在坡地的两个层面上,而且后门所在的胡同外面不只一条小街,巴尔扎克虽胖大,也能很迅捷地藏匿起来。

这里环境清雅幽静,完全听不到巴黎喧嚣的嘈杂声,有几分田园风光的意味。这里曾是盛产葡萄美酒的郊区,这一带以盛产小麦而著名。巴尔扎克也许就是看上了这地方的清雅幽静。

故居被覆盖在浓荫之下,巴尔扎克当时很满意,称之为"绿色小岛"。院子对面是住房。院子侧面,是花园。

花园占地约有一亩,花草树木之下,有一道低矮的安全护栏。护栏建在挡土墙上。从护栏往下看,挡土墙有4米高。墙下有一条狭长的小巷,它见证了巴尔扎克的生活。据说是当年城市改造时,有关方面专门保留下来的。

花园里,草木杂陈,高低错落,不像一般西方园林那样呈严格对称的几何图形。在花园中,艾菲尔铁塔的雄姿映入眼帘。当然,巴尔扎克住这儿时还没有铁塔,那时,这儿也还不是城市,而是巴黎近郊的一个村庄。

◩ 《人间喜剧》的集中创作地

巴尔扎克租住的是这幢房子一

巴尔扎克故居

楼的五个房间。他的卧室、餐厅、工作室等,均辟为展室,陈列着他的一些遗物,如烛台、咖啡具、手杖、背心之类,当然还有他心爱的拿破仑小雕像:一手执帽,一手杖剑,雄心勃勃地立在那里。

巴尔扎克故居内

巴尔扎克十分喜爱这所房子,可以在自家花园里摘下最新鲜的丁香花或者紫罗兰献给他足足追求了18年的韩斯卡夫人。更重要的是,当他躲进这处"巢穴"、这把"刀鞘"里,便文思泉涌,汩汩不绝,《人间喜剧》中的大部分作品都在这儿完成。

咖啡狂人的疯狂创作

巴尔扎克的书房,面积不大,也很简陋。巴尔扎克一向家徒四壁,只有它是能搬的"家"。巴尔扎克说:"我像炼丹师投入金子一样,把我的生命投入这个坩埚中。它知道我的一切计划,曾见过我所有的窘困,曾经偷听了我的思想,当我的笔奔驰在纸上时,我的臂膀几乎粗鲁地压迫着它。"

巴尔扎克一生不曾有过朝夕相伴的女人,只有这张桌子上那块表,一位巴尔扎克真实生命的缄默的见证人。150年前,它曾无时无刻不发着牢骚,埋怨主人忽视它的存在,颠倒了白天黑夜,像一个野蛮人一样每天工作16到20个小时。3天用完一瓶墨水,磨秃两打笔管。更有这把咖啡壶,专门为巴尔扎克这架写作机器提供润滑油。

巴尔扎克嗜咖啡如命,一生中喝下了"数以吨计的咖啡"!而为了让咖啡有足够的刺激性,他自己发明了用三个品种咖啡混合冲泡,并且每天必须饮30杯!不断的提神以应付他的"小说公司"的高效生产。

巴尔扎克用了三种咖啡豆制作"成了河的黑咖啡",来刺激他不知疲

花园里可见艾菲尔铁塔的雄姿

倦的脑神经,而且随着时间剂量不断加大。有人统计,他一生共喝下去5万杯浓咖啡,使他本来铜钟一样的心脏加速老化。

巴黎由于他的去世已经昏倒了

巴尔扎克从1840年移居这座住所,一直住到1847年。这一段正是他人生的壮年,创作的金秋。

无数失败和苦难使他亲历了形形色色的人和事,他认识了奇形怪状的巴黎,了解了贫困的残酷、卑贱的丑恶和金钱的魔力,懂得人间社会的因果关系,获得了远比同时代作家更多更深刻的人生体验。他失去了梦一般的幻想,却得到了想象力。

在这座小楼上,他的文学创作达到了巅峰状态,写出了《幻灭》、《高老头》、《打水姑娘》等不朽名篇。在这里他深受但丁《神圣喜剧》即《神曲》的启发,把自己的全集定名《人间喜剧》,并发表了著名的《序言》,一位批判现实主义作家的纲领和宣言。

他曾经非常粗暴地对待过雨果,但这并没有妨碍他们后来成为伟大的朋友。雨果在他的葬礼上讲得非常精辟,而且用了诗一样的语言,有诗一样的深邃意境:"他的一生是短促的,然而也是饱满的,作品比岁月还多。"

1850年8月17日,巴尔扎克的心脏停止了跳动,时年51岁,结婚仅5个月。《人间喜剧》写作计划,还有25部未完成。

维克多·雨果在悼词中沉痛地说："巴黎由于他的去世已经昏倒了。"

罗丹为他塑了的雕像

如今，当年其他房客租住的楼层也都成了巴尔扎克博物馆的组成部分。

博物馆收藏了巴尔扎克的书信、手稿、原版书籍、私人藏书以及其他私人用品，这些藏品见证了巴尔扎克的辛勤工作。其中，有他那根镶满绿松石、一度成为全巴黎茶余饭后谈资的著名手杖，有那把嵌有巴尔扎克姓名缩略字母的咖啡壶，这把咖啡壶用来加热他所谓的"现代兴奋剂"，陪伴了他所有的写作时间，须臾不离。

藏品中，最为珍贵的恐怕是巴尔扎克小说中所有人物插图的全套木版。而最吸引人眼球的则是罗丹为他塑的雕像，将他的张扬个性与狂放落拓表现得淋漓尽致。

故居主人小档案

巴尔扎克

奥诺雷·德·巴尔扎克（1799.5.20—1850.8.18），法国19世纪伟大的批判现实主义作家，欧洲批判现实主义文学的奠基人和杰出代表，法国现实主义文学成就最高者之一。

他创作的《人间喜剧》共91部小说，写了2400多个人物，充分展示了19世纪上半叶法国社会生活，是人类文学史上罕见的文学丰碑，被称为法国社会的"百科全书"。

巴尔扎克故居大门

5 高尔基故居（俄罗斯）
——苦人的豪宅

俄罗斯国旗

1. 莫斯科市中心的别致建筑
2. 不用打字机的高产作家
3. 拥有44个书橱的职业读者
4. 名家云集的会客厅
5. 他念念不忘的苏莲托

▶ 莫斯科市中心的别致建筑

与人潮汹涌的托尔斯泰故居相比，位于莫斯科卡恰洛夫街6号的高尔基故居显得冷冷清清。在斯大林时代，高尔基的声望远远溢出了文学领域，甚至盖过了俄罗斯文学之父普希金和俄罗斯文学的良心托尔斯泰。

与他同时代的作家都可望而不可及的荣誉中，他什么都有了，美中不足的是，就差一顶诺贝尔文学奖的冠冕了。然而，这样的命运对高尔基来说并不完全是喜剧，反而烙上了浓重的悲剧色彩。

高尔基故居在莫斯科市中心卡恰洛夫街6号。门前钉着一块牌子："阿·马·高尔基于1931年至1936年曾在这里住过。"

高尔基像

这是一栋灰色的两层楼房，原来是俄国富翁里亚布申斯基的私宅。1965年5月28日，高尔基故居被辟为纪念馆正式接待参观者。

19世纪30年代，世界无产阶级文学巨匠高尔基曾在莫斯科市中心的一座寓所里住了五年。这栋房子当时是一处极其新颖别致的建筑，即使现在看来，依然透出几分"摩登"。

1931年5月，高尔基从意大利返回祖国，政府把这套住宅拨给作家使用。高尔基本人并不喜欢这座现代派建筑，其建筑外形及内部富丽堂皇的装饰都与作家的爱好格格不入。只是考虑到政府的关心，他才住了下来。一代文豪高尔基的最后5年就是在这里度过的。

◩ 不用打字机的高产作家

由于健康原因，高尔基的工作室、卧室和书房都安排在一楼。工作室的一切都摆放得十分整齐。窗口旁放着一张铺着绿色呢子的写字台。由于高尔基身材高大，又身患肺病，医生不允许他伏案工作，因此他的写字台比一般桌子要高。

写字台没有抽屉，工作需要的东西全部放在桌子上。因为高尔基认为，纸张一放进抽屉，就会久久无人

高尔基故居

过问。高尔基不喜欢打字机,因为打字机的声音会影响句子的节律。他的手稿清晰、字迹工整。

书桌上摆着几张高尔基带眉批的手稿,10只削得尖尖的红蓝铅笔,以及钢笔、眼镜、墨水瓶等高尔基用过的物件。

在这张书桌上,高尔基写出了25本文学作品,累计约250多万字,他就是这样壮心不已地为无产阶级革命文学不停地奠基。他在每天上午9点到下午2点伏案工作,雷打不动,工作效率极高。除了写作之外,他还修改一些文学青年的作品,帮助他们从作者走向作家。

高尔基刻苦自学文化知识,并积极投身革命活动,探求改造现实的途径。1892年发表处女作《马卡尔·楚德拉》,登上文坛,他的早期作品,杂存着现实主义与浪漫主义两种风格,这是他无产阶级世界观形成前必然经历的阶段。

浪漫主义作品如《马卡尔·楚德拉》、《伊则吉尔老婆子》(1895)、《鹰

故居内的旋转楼梯

之歌》(1895)等,赞美了热爱自由、向往光明与英雄业绩的坚强个性,表现了渴望战斗的激情;现实主义作品如《契尔卡什》、《沦落的人们》、《柯诺瓦洛夫》等,描写了人民的苦难生活及他们的崇高品德,表达了他们的激愤与抗争。

这些作品的主人公大多是努力探求新的生活道路、思考生活的意义并充满激烈内心冲突的人物。1901年他亲自参加彼得堡的示威游行,并创作了著名的散文诗《海燕之歌》,塑造了象征大智大勇革命者搏风击浪的勇敢的海燕形象,预告革命风暴即将到来,鼓舞人们去迎接伟大的战斗,这是一篇无产阶级革命战

斗的檄文与颂歌，受到列宁的热情称赞。

拥有44个书橱的职业读者

通往二楼的楼梯扶手是用整块的青灰色大理石磨制拼接而成的，波浪造型的石板高高耸立着，大气磅礴地盘旋而上，让人联想到汹涌澎湃的无产阶级革命浪潮的蔚为壮观。

在这个扶梯涌起的"浪尖"上，一只钟乳石造型的灯散发着奶酪一样柔和的光，给这过于阴冷的气氛播洒了一片温柔。当然，这个楼梯扶手除了充当整座建筑的点睛之笔之外，再无多少实用的价值，而那灯除了造型的美感之外，寸寸柔光却好像是从高尔基的视野里径直照过来的一样。

靠着楼梯的墙上镶嵌着一排壁橱，橱里装满了图书，这是这栋摩登建筑内的小图书馆的一部分。高尔基被称为"职业的读者"，他不仅爱看书，也会看书。

高尔基的家庭图书馆共有44个书橱，陈列着1.2万册图书，其中，有一部分民谣、民歌、民间故事书籍，上面留有高尔基的批注，高尔基的创作

故居里高尔基的书房

源头可追溯于此,从高尔基的早期作品中,不难证实这一点。

名家云集的会客厅

与这个楼梯相对的是整幢房子里最大的一个房间——高尔基的会客厅。穹庐式的天花板,没有窗棂的彩绘玻璃窗,红木雕花的门,这一切集中体现了这栋房子的建筑特色。

在这个房间里,高尔基与许多俄国文学史上十分著名的大文学家有过交谈甚至辩论,在这些"辩论赛"中,诞生了文学的主义和苏联作家协会,高尔基理所当然地当选为作家协会的主席。

高尔基一般坐在靠窗左侧的第一个位置上,那里至今仍摆着他用过的茶具,亮晶晶地闪着光。窗外,一簇簇淡紫色的小花袅娜地开着,馨香弥漫了客厅。

他念念不忘的苏莲托

在工作室中,处处渲染着高尔基对东方文化的挚爱。东方的瓷器,陶器、象牙雕刻,从日本傩到中国龙再到印度钟,精美之至。还有中国古琴的琴桌、琴凳摆在靠墙的一侧,散发着远古之幽思。

工作室的墙上,挂着意大利南部海岛苏莲托的风景画,引人注意的还有挂在高尔基小而简单的卧室里的那幅风景画,上面描绘的同样是苏莲托的风景。至此,苏莲托在高尔基生命中的位置便凸兀而显。

高尔基有十几年的时间住在那里,即使可以在莫斯科这样豪华的寓所里颐养天年,高尔基还是念念不忘他的苏莲托。

高尔基在世时,这栋房子被誉为是当时的"作家俱乐部"、"国家出版社"、"海外文化交流中心"。高尔基辞世后,仍然不断有人为纪念凭吊他来到这里。

1961年,国家将此改建为故居博物馆,供所有热爱高尔基和他的文学的人们追思缅怀一代文学巨匠之于世界的不朽遗存。

高尔基

玛克西姆·高尔基,前苏联无产阶级作家。原名阿列克谢·马克西莫维奇·彼什科夫,社会主义现实主义文学的奠基人,列宁称他为"无产阶级艺术最杰出的代表"。代表作有《童年》、《在人间》、《我的大学》等。

图说世界著名故居

6 塞万提斯故居（西班牙）
——西班牙的文化丰碑

西班牙国旗

1. 他曾是不识时务的政府小职员
2. 弥漫着文化气息的古城
3. 苦难阻碍不了前进
4. 不朽的骑士传奇
5. 国王和皇后每年在这里颁奖

▌他曾是不识时务的政府小职员

塞万提斯的一生经历，是典型的西班牙人的冒险生涯。

他生于16世纪的西班牙，那是个激动人心的时代。哥伦布发现了新大陆，海洋冒险促进了殖民主义的兴盛，西班牙拥有1000多艘船航行在世界各地，成为称霸欧洲的强大封建帝国。但是，西班牙的强盛极为短暂，专制君主菲利普二世对外发动多次失败的战争，既耗尽了国库的资产，也使西班牙丧失了海上霸主的地位。

塞万提斯故居位于西班牙阿尔卡拉，是一幢红色的二层小楼，这里非常容易辨识，因为门口就立着堂吉诃德和桑丘的铜像。被重新整修过的大铁门连着用石子铺就的小路，一棵参天大树守在路边。

走进院落，院子的中间是一个方形的天井，一楼是起居室、厨房和餐厅，家具、用品按照曾经使用过的原迹摆放着。二层是塞万提斯出生的卧室，此外还有一个陈列室，陈列着《堂吉诃德》的各种版本和译本，包括中文译本。

塞万提斯出生于一个贫困之家，父亲是外科医生。因为生活艰难，

塞万提斯雕像

故居的阳台

塞万提斯和他的7个兄弟姊妹跟随父亲到处东奔西跑,直到1566年才定居马德里。颠沛流离的童年生活,使他仅受过中学教育。34岁那年,以英雄身份回国的塞万提斯,并没有得到菲利普国王的重视,终日为生活奔忙。

他一面著书一面在政府里当小职员,曾干过军需官、税吏,接触过农村生活,也曾被派到美洲公干。他不止一次被捕下狱,原因是不能缴上该收的税款,也有的是遭受无妄之灾。就连他那不朽的《堂吉诃德》也有一部分是在监狱里构思和写作的。

塞万提斯十分爱好文学,在生活窘迫的时候,卖文是他养活妻儿老小的唯一途径。他用文学语言给一个又一个商人、一种又一种商品做广告。他写过连他自己也记不清数目的抒情诗、讽刺诗,但大多没有引起多大反响。他亦曾应剧院邀请写过三四十个剧本,但上映后并未取得预想的成功。

1585年他出版了田园牧歌体小说《伽拉泰亚》(第一部),虽然作者自己很满意,但也未能引起文坛的注意。

▨ 弥漫着文化气息的古城

塞万提斯50余岁才开始了《堂吉诃德》的写作。《堂吉诃德》是宝贵的文化遗产。书中堂吉诃德在游侠生活中的遭遇,揭露了社会的黑暗,抨击教会的专横,揭示人民的困苦。他塑造的堂吉诃德和他的仆人桑丘,是西方古典文学中的两个典型形象。

如果要选择一本书来表达西班牙的性格,大多数人都会脱口而出:《堂吉诃德》。这部传世巨著及其作者塞万提斯,对于西班牙民族性格的思考深刻影响了后人,以至于西班牙对外推广语言和文化的机构被称为"塞万提斯学院"。在西班牙以及拉美使用西班牙语的国家中,文学的最高奖项也被命名为"塞万提斯奖"。

塞万提斯的家乡阿尔卡拉·德·埃纳雷斯,是一座写满辉煌历史的世界遗产城市,有着西班牙最古老的大学,从这里走出了多位西班牙的文化名人。

阿尔卡拉距离首都马德里仅35千米。小城的名字意为埃纳雷斯河畔的城堡,城市的历史可以追溯到史前时代。15世纪,当马德里还仅仅是乡村的时候,这里已经是重要的宗教中心了。

大量残留的文物古迹证明了它古老的起源,众多保存完好的学院建筑、教堂、修道院和古城墙,与这里浓厚的文化气息共同再现了一段辉煌的历史。

1998年,阿尔卡拉被评为世界

故居门前的雕塑

塞万提斯故居入口

文化遗产,并以独特的魅力吸引了千万游客。

苦难阻碍不了前进

挨着塞万提斯故居的建筑是一家古老的修道院医院,这是西班牙最古老的医院之一,建于1483年,作为为穷人、病人、路人和外地人治病的福利机构。

现今,一个宗教团体的资助让这所医院仍然运作着。这里也是塞万提斯父亲工作的地方。塞万提斯出生于一个贫困之家,父亲是一位外科医生。

在当时,外科医生的境遇并不好过,塞万提斯在贫寒中度过了童年,直到1607年,塞万提斯才定居马德里。颠沛流离的童年使他无缘高等教育,但傲人的文学天赋却让这位大师终于成就了不朽的著作。

1605年《堂吉诃德》第一部出版,立即风行全国,一年之内就再版了六次。虽然当时《堂吉诃德》未能使塞万提斯摆脱贫困,却为他赢得了不朽的荣誉。

不朽的骑士传奇

《堂吉诃德》揭露了骑士传奇的荒唐和危害,尽情嘲笑了骑士理想和骑士制度。从这部小说出版以后,西班牙再也没有出现过骑士传奇。

作者通过堂吉诃德主仆的游侠经历,反映了16世纪至17世纪初西班牙的广阔的社会现实。小说中出现将近700个属于各阶层的人物,如贵族、僧侣、地主、市民、兵士、农民、演员、商人、理发师、骡夫、牧羊人、强盗等等。

所写的生活面从公爵的城堡到外省的小客店,从贫穷的农村到杂乱的城镇,从平原到深山,从大路到森林,构成一幅完整的社会画卷。

小说接触到政治、经济、道德、文化和风俗习尚等方面,充分揭示了威

图说世界著名故居

塞万提斯雕像

震世界的西班牙王国已经破绽百出和它必然衰落的趋势。

1616年，塞万提斯他在贫病交加中去世。他的作品大多描写了封建社会的罪恶以及西班牙下层民众生活的贫困，肯定人性与个性自由，对社会的不公正发出了愤怒的抗议。这些充满了人文主义思想的现实主义短篇在西班牙文艺复兴文学中占有重要的地位。

国王和皇后每年在这里颁奖

阿尔卡拉小镇到处都是塞万提斯的踪迹。餐馆门前的招牌是堂吉诃德，城市广场叫做塞万提斯广场，而不是西班牙其他城市最常见的马约尔广场，或者西班牙广场。

阿尔卡拉之所以著名，一是因为这里是塞万提斯的故乡，二是因为这里还有距今已有500多年历史的阿尔卡拉大学，两者共同为阿尔卡拉小城渲染出了浓浓的文化气息。

1486年，红衣主教希斯内罗斯创建了这所高等学院，此后，整个城市都向着文化方向转变，城市也因大学而繁荣起来。

大多数西班牙黄金时代（十六、十七世纪）的伟大人物都曾在这学习过。每年西班牙国王和王后都要在这里颁发声名远扬的塞万提斯文学奖。

故居主人小档案

塞万提斯

文艺复兴时期西班牙小说家、剧作家、诗人，1547年9月29日出生，1616年4月23日在马德里逝世。他被誉为是西班牙文学世界里最伟大的作家。

评论家们称他的小说《堂吉诃德》是文学史上的第一部现代小说，同时也是世界文学的瑰宝之一。

7 但丁故居（意大利）
——石屋里吹响了神曲

意大利国旗

1. 幽静小巷中的砖石小楼
2. 他吹响了文艺复兴的号角
3. 意大利划时代的文学巨子
4. 古老廊桥的初恋
5. 一纸判决迫使客死他乡

◤ 幽静小巷中的砖石小楼

作为欧洲文艺复兴的发源地，意大利的佛罗伦萨大师辈出，名胜繁多，达·芬奇、米开朗基罗、薄伽丘等大师的名字，如繁星一般照耀着佛罗伦萨。

在这一丰沃的文学土壤中成长起来的伟大诗人但丁被恩格斯称为"中世纪最后一位诗人，同时也是新时代最初一位伟大的诗人。"

但丁故居位于佛罗伦萨古城中心的圣玛格丽塔路1号，是设有中世纪塔楼的房屋，1911年辟为博物馆。

但丁曾写道，他出生在圣马蒂诺本堂区，巴迪亚佛罗伦萨教堂的阴影下，但不能肯定就是这座建筑。诗人在附近的切尔基的圣玛格丽塔教堂初次与恋人贝阿特丽齐相遇。

故居位于一条幽深街巷里，这条

故居墙壁上的画像和雕像

偏僻的小巷就叫但丁街。

沿着但丁街走到一个拐角处，眼前出现一座砖石结构的小楼，与周围建筑相比古朴而有些破旧,未加粉饰的墙面由于岁月久远显得凸凹不平,但一石一砖清晰可辨。要不是落满尘埃的但丁半身塑像提醒,很难相信这就是但丁故居。

◤ 他吹响了文艺复兴的号角

但丁于1265年5月出生在一个走向没落的贵族家庭,其祖父参加过第二次十字军东征,立了战功被封为骑士。其父早亡,家境没落,生活窘迫。但他母亲很重视对他的教育,把他送到著名学者拉丁尼那里学习拉丁文,攻读古典文学。

其后,又进伯尼、波洛奈和巴黎大学深造,使他后来成为了一名对文学、美学、哲学、历史、音乐、政治、神学都有很深造诣的学者,并最终成为一名反封建、反教会的文化战士。

他是一位大诗人,更是一位思想家,是他首先吹响了文艺复兴的号角,他用《神曲》洗礼、拯救了无数不幸的灵魂。而他对人性的呐喊,至今仍回响在我们这个时代。

《神曲》中的地狱不仅是意大利

但丁故居

当时现实的映射，而且，炼狱其实是人生从现实走向净界的必经苦难旅程，我们每一个向往天堂的人都必须经过这样的"炼狱"。

意大利划时代的文学巨子

但丁是佛罗伦萨人心目中划时代的文学巨子。在众多故居中，但丁的居所可能是最简陋的一处，一个逼仄的院，一栋古老的楼。

老楼的墙是用不规则的石块垒起来的，看上去像座碉堡；坑坑洼洼，又如老人饱经风霜的脸。

但丁的家门，在一楼醒目的地方挂着但丁的巨幅画像，画像上诗人双眉紧锁，目光深沉，展现出"中世纪最后一位诗人，同时也是新时代的最初一位诗人"的精神气质。

老楼为三层，墙厚窗小，门前挂盏铁灯，院内有一井台。铁灯无光，井台有盖。

老楼面向院落的一面墙上悬挂一幅浅蓝色的布幔，布幔上印一行白色的外文字母，即"但丁故居"。布幔下方，从墙壁里伸出一截石板，石板上安放着但丁的上半身雕像。

展室简陋而陈旧，展品以图片和文字资料为主，其中最吸引人的是由

故居内部

羊皮纸装订成的《新生》、《宴会》、《神曲》等诗作的手稿。由于年代久远，这些泛黄的册子已经卷边。

中间的玻璃柜台里面展示的就是著名的《喜剧》。《神曲》原名叫《喜剧》，后人出于对这部名著的崇敬，在书名前又冠上了"神圣"二字，正是它奠定了但丁在世界"文学三杰"之一的地位。

但丁一生著作甚丰，其中最有价值的无疑是《神曲》。这部作品通过作者与地狱、炼狱及天国中各种著名

图说世界著名故居

故居一角

人物的对话，反映出中古文化领域的成就和一些重大的问题，带有"百科全书"性质，从中也可隐约窥见文艺复兴时期思想的曙光。

在这部长达1.4万余行的史诗中，但丁坚决反对的蒙昧主义，表达了执着地追求真理的思想，对后世的诗歌创作有极其深远的影响。

流放、漂泊、苦闷、惆怅，为但丁营造了一块反思人生的创作沃土，他在痛苦中酝酿、在痛苦中宣泄，把强烈的情感融注到创作之中，为人们留下了一笔笔可贵的精神财富。

古老廊桥的初恋

故居的墙壁上零零散散挂着几幅油画，其中最引人注目的是亨利·豪里达的《但丁与贝特丽齐邂逅》。从画面上看，那是一个春光明媚的上午，阳光洒在阿尔诺河上，波光闪闪，把河上的一座古桥映衬得光彩夺目。

高贵而美丽的贝特丽齐在河畔漫步，就在她经过老桥时，与从另一头走来的但丁不期而遇。但丁凝视着贝特丽齐，既惊喜又惆怅；而贝特丽齐却径直从但丁身边走过，仿佛没有看见诗人。但她的眼里放出的异样光芒和脸上的潮红却透露出少女情动的信息。

《邂逅》所描绘的故事就发生在阿尔诺河那座饱经风霜的老桥上。它是阿尔诺河上惟一的廊桥,建自古罗马时期,历史上曾几次受到洪水侵袭,只剩下两个大理石桥墩。

现在这座造型典雅的三拱廊桥是1345年重建而成。不过,这座古桥之所以出名并不全在于它古老而传奇的历史,更重要的原因就是它见证了但丁那段美好的初恋。正是这段感情,成就了但丁的早年诗作《新生》。

一纸判决迫使客死他乡

故居二楼展室的一个玻璃柜台里,摆放着1302年3月佛罗伦萨法庭对但丁的判决书。这纸判决书使但丁度过了20年的流亡生活。

1300年,但丁以渊博的学识当选为代表资产阶级政党的行政长官。为维护佛罗伦萨共和国的利益,他旗帜鲜明地反对贵族阶级把持政权。然而却被封建势力陷害而判处终身流放,不得回国。

流放期间,但丁大多数时间寄居于东北部的拉维纳,并在那里完成了《神曲》的写作。虽然佛罗伦萨当局宣告只要但丁公开认错就可免死回乡,但被但丁断然拒绝。

1321年,但丁身染疟疾离开人世。他的遗体被拉维纳人安葬在市中心的教堂广场上。直到1829年,佛罗伦萨市政当局在圣十字教堂为但丁竖起墓碑和雕像,同时把教堂前的广场命名为但丁广场,以表达对但丁的崇敬和怀念之情。

如今,世界各地的仰慕者都会到佛罗伦萨追寻但丁的足迹,回顾诗人当年为其故乡乃至整个意大利留下的文学遗产。

但丁

阿利盖利·但丁(1265—1321),意大利中世纪诗人,出身于佛罗伦萨贵族世家,担任过佛罗伦萨最高行政长官,后因政治因素被当局流放,终身再未回到佛罗伦萨。也正是这种经历,使他完成了举世闻名的代表作品《神曲》,该书被誉为中世纪文学的巅峰之作,并作为文艺复兴时期的先声之作。但丁、莎士比亚与歌德,并称为世界三大文学巨匠。

图说世界著名故居

8 歌德故居（德国）
——全能天才的创作室

德国国旗

1. 吹响时代叛逆号角的文学巨人
2. 《浮士德》诞生的简朴工作室
3. 83岁高龄的他在躺椅上与世长辞
4. 它是个私人图书馆
5. 歌德的中国情缘

◾ 吹响时代叛逆号角的文学巨人

对于歌德，我们并不陌生。他最突出的成就在于文学领域，他写过4 000余首诗歌，70多部戏剧（包括未完成的），多部长篇小说和自传以及大量中短篇小说和散文；他还是一个画家，一生创作了2 500余幅绘画作品；他对自然科学也持有浓厚的兴趣，潜心钻研过植物胚胎学、动物蜕变学、地质学、矿物学、昆虫学、解剖学、光学、颜色学乃至建筑学，先后出版了18部专著。

他最齐的全集竟达143卷之多。如果说"著作等身"这个词形容许多人只是一个溢美之词的话，那么，用在歌德的身上则是再恰当不过的了。

歌德出生在法兰克福的一个富裕家庭，16岁时，他曾遵照父亲的意

歌德像

愿到莱比锡大学学习法律，但他真正爱好的是自然科学和艺术。

18世纪70年代初，他创作了小说《少年维特之烦恼》、长诗《普罗米修斯》等作品，揭露了封建社会的残

暴和虚伪,吹响了叛逆的号角。歌德一生创作了150多卷作品,是一个与莎士比亚、但丁、托尔斯泰等人并驾齐驱的文学巨人。

歌德于1749年出生在法兰克福。他的故居坐落在德国魏玛市弗拉恩普兰大街的拐弯处,是一幢米黄色的楼房。从1782年到1832年,歌德在这里生活了50个年头。

1775年,26岁的歌德应魏玛小公国公爵奥古斯特的邀请来到魏玛,深受奥古斯特公爵的信任和爱戴,先后担任过枢密顾问官和首相等职。

1782年,歌德被赐予贵族身份,住在市内官邸,即现在的故居。

歌德故居

图说世界著名故居

▶《浮士德》诞生的简朴工作室

故居在二战中被完全破坏,战后经过修复。共四层,一层是厨房和餐厅,二层是洛可可风格沙龙和音乐室,三层走廊上有精致的天文钟,在歌德诞生的房间里面有刊登歌德出生消息的报纸,四层是诗人的房间。

故居的16个房间分为两部分,一部分装饰考究,富丽堂皇,是歌德接待达官显贵的地方。如黄色接待室,用来接待、宴请显贵,应酬交际;朱诺室曾接待过黑格尔、海涅和门德尔松等人,这些房间现在都按歌德生前的原样陈列。

而另一部分用于家庭生活的房间,则陈设非常简朴,有小客厅、藏书室、卧室和工作室等。歌德从来都是站着写作,他写作用的一张斜平面桌子仍然摆在故居中。

工作室的里间是藏书5 400多册的书斋,现在也按原样保留着。歌德在他狭窄简朴的工作室里写出了《浮士德》、《威廉·麦斯特学习年代和漫游年代》以及大量诗歌。

故居书房

▶83岁高龄的他在躺椅上与世长辞

故居的墙角静静停靠着一辆简陋的四轮马车,200多年前,歌德就是坐着这辆车在德国以及欧洲的各地旅行,获得了一个伟大诗人所需要的丰富的经历和开阔的视野。

歌德的卧室为一小长条形,唯一的窗户向花园敞开。

墙上挂着一些地质学和声学的图表以及温度计、晴雨表和一个灯伞。室内只有一张床、一个小方桌和一把矮脚靠背木椅。

1832年3月22日,83岁高龄的歌德就坐在这张椅子上停止了呼吸。目前故居里还藏有歌德的手稿、信件等。1885年,这所房子被辟为歌德纪念馆,每年都有近百万游客前来拜谒。

正如德国文艺评论家梅林说过的话:"歌德之于德国文坛,如同太阳之于大地,虽然天狼星的热度远远超过太阳,但照熟大地葡萄的是太阳而不是天狼星。"

它是个私人图书馆

歌德的工作间正中摆放着一张深色的木制书桌,歌德用过的羽毛笔自然地斜插在笔筒里。在墙壁的书架上,整齐地排放着当时出版的歌德的作品。这是一间简朴却让人神清气爽的屋子。透过窗户向外看,是一个不大的花园。虽然是深秋,园中却充满了绿色。

在这间屋子里,歌德完成了使他驰名世界的许多作品,包括与但丁《神曲》齐名的《浮士德》。从23岁开始,歌德就着手写这部充满哲理和奋斗精神的作品,一直用了60年的时间才完成。歌德用他顽强的毅力,诠释着"坚持就是力量"这一不变的定则。

歌德有着世界眼光和谦虚的胸怀。除了在当时魏玛的国家图书馆借书之外,他在自己房子里也设有图书馆,藏书达到6 000册。这些书籍都完好地保存着,只是都已经发黄了。这里的书都来自世界各地,包括由当时教会翻译过来的中国的小说等书籍。

歌德的中国情缘

歌德十分推崇中国文化,在这栋房子里,他读了许多有关中国的书,学写汉字,还按照中国诗歌和戏剧的风格和思想进行创作。

他在1827年与助手的一次谈话中,这样评价心目中的中国人:"那些人几乎和我们有着同样的思想、行为和感情,我们不久就觉得和

他们是同类人,只不过在他们那里,一切都来得更加明朗、纯洁,也更符合道德。"

歌德喜欢收藏艺术品。许多房间的墙壁上悬挂着意大利文艺复兴时期的油画,书架上则是姿态各异的雕塑以及其他的各种艺术品。

所有房间里的陈设都十分简陋。普通的木椅和木桌,单薄的木床,没有舒适的沙发。歌德曾经这样说:"安适的家具阻碍我的思想……华丽的房间和精美的家具是让那些不想有思想的人用的。"

歌德被誉为一个"全能的天才"。除了文学,他的探索延伸到了包括自然科学比如光学等在内的广阔领域。

在他的起居室里,摆放着颜色各异的盘子以及器皿等,那是歌德当年研究颜色学的"实验器材"。在歌德的心目中,父亲是严厉的、严肃的。歌德的母亲用不同于父亲的那种温柔体贴的母爱安抚、保护、激励着歌德,促使他愉快地、始终如一地对学习怀有浓厚的兴趣,并竭力培养歌德掌握对于文学的正确理解能力。

歌德小时候,母亲常常把他放在自己的膝头,讲述各种各样有趣的故事给他听。母亲的语言表达能力很强,语汇也十分丰富。歌德常常听得如醉如痴。

也许正是继承了母亲的这种才能,歌德在自己的朋友中间,总是以知晓各种趣味横生的笑话而著名。歌德成年以后,母亲仍是他与之共同探讨创作的伙伴。

同时,母亲还起着激发他创作热情的作用。对于儿子的作品,母亲是凡有必读,并总能给予恰如其分的评论。歌德深有感触地说:"从父亲那里,我得到一付强壮的体魄和做一个正直人的人生观,从母亲那儿,则继承了她乐观的性格和对于语言的表达能力。"

歌德

约翰·沃尔夫冈·冯·歌德出生时名为约翰·沃尔夫冈·歌德,(1749.8.28—1832.3.22),出生于美因河畔法兰克福,作为诗人、自然科学家、文艺理论家和政治人物,歌德是魏玛的古典主义最著名的代表;而作为诗歌、戏剧和散文作品的创作者,他是最伟大的德国作家之一,也是世界文学领域出类拔萃的光辉人物。

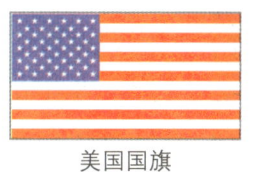

9 马克·吐温故居（美国）
——粗犷水手的温情家园

美国国旗

1. 小镇最珍贵的资产
2. 他在书房为女儿们讲故事
3. "弹子房"工厂
4. 精心设计的爱心活动室
5. 粗犷水手的温情

小镇最珍贵的资产

马克·吐温本名萨缪尔·兰亨·克莱门，马克·吐温这一笔名是取自他在密西西比河上当水手时的常用术语，意思是水深12英尺。他是最能代表美国的大文豪，其生平也是典型的美国故事。他12岁丧父，干了几年印刷工匠之后，出外到密西西比河上谋生，后来还考取领航执照。

南北战争后，他到报馆当记者，开始以马克·吐温笔名写书，居然一举成名。此后20年是他最盛产的写作时期，他的作品最令人津津乐道的是两部写顽童的小说：《顽童流浪记》和《汤姆历险记》。

马克·吐温又是著名的幽默讽刺作家，他的幽默讽刺风格别具特色。他高超的幽默、机智与名气，被称为美国最知名人士之一，曾被推崇

马克·吐温

为"美国文坛巨子"。

美国著名盲聋女作家海伦·凯勒曾言："我喜欢马克·吐温——谁会不喜欢他呢？即使是上帝，亦会钟

图说世界著名故居

故居内一角

他在书房为女儿们讲故事

故居一带的房子及门前的街道完全保留原样,并且禁止车辆通行。镇上还有马克·吐温博物馆和马克·吐温洞等以他为名的观光地点。

汉尼伯位于密西西比河的西岸,伊利诺州就在河的对岸。《汤姆·索亚历险记》是以此地为中心,将作者的生活体验作为材料的长篇小说。

在本书中,马克·吐温将密西西比河的自然生活,描绘的像个乐园一般。少年时代的浪漫梦想、纯真的惊奇和喜悦,也全都生动的描写出来。

马克·吐温的书房,一色精装的书排列在靠墙的矮书橱里,上方摆着包括中国陶瓷在内的各色古玩,墙上饰有金线墙纸,挂着欧洲名画,茶几与沙发铺着柔软的金丝绒,地上是厚厚的地毯。

名义上这是一个书房,马克·吐温并不在此写作,倒是经常在此为孩子们讲故事,两个女儿苏西和克拉拉常常是坐在他椅子两旁的扶手

爱他,赋予其智慧,并于其心灵里绘画出一道爱与信仰的彩虹。"

马克·吐温故居位于密苏里州东北部的汉尼伯,是密西西比河沿岸一个约有1万人的小镇,是他少年时期成长的地方,这座房子是镇上最珍贵的资产。

在35岁那年,马克·吐温看到了纽约北部一个大资本家女儿奥莉薇娅的照片。从此就陷入对薇娅的爱慕中。只是他们之间身份悬殊太大,马克·吐温不得已装病赖在薇娅家两个星期,最终和薇娅的父亲成了朋友,也就求婚成功了。这座在康州的豪宅是在他们婚后,马克·吐温的第一笔稿费到手后开始建造的。

上，听父亲讲各种各样惊心动魄的故事。

《汤姆·索亚历险记》是美国著名小说家马克·吐温的代表作，发表于1876年。小说主人公汤姆·索亚天真活泼，富于幻想和冒险，不堪忍受束缚个性、枯燥乏味的生活，幻想干一番英雄事业。小说通过主人公的冒险经历，以欢快的笔调描写了少年儿童自由活泼的心灵。

《汤姆·索亚历险记》以其浓厚的深具地方特色的幽默和对人物敏锐观察，一跃成为最伟大的儿童文学作品，也是一首美国"黄金时代"的田园牧歌。本书的姊妹篇是《哈克贝利·费恩历险记》。

"弹子房"工厂

马克·吐温的写作房在三层的阁楼上，楼层不规范，尤其是楼顶与墙壁随时被尖顶的披檐切得或高或低或前或后，马克·吐温很巧妙地利用了阁楼的变化，将书柜与沙发镶嵌进去，中央的弹子桌球占据了大部份的空间，所以马克·吐温称之为"弹子房"。

一张小小的书桌摆在靠南面阳台的顶端，这可能是马克·吐温在

马克·吐温故居

哈特福德别墅中最寒碜的一件家具，伟大的《汤姆·索亚历险记》、《哈克贝利·费恩历险记》等世界名著，就在这张又小又旧的写字桌上完成。

拾得整整有序，只有马克·吐温的床头拉了一根在房间晃动的电灯开关的拉线。妻子的卧室当然就不一样，一丝不苟，纤尘不染，没有任何一物不到位。

餐厅典雅静谧

孩子们的活动室比马克·吐温的书房还大，布置是十分精心，马克·吐温从他的卧室到"写作工厂"，总是不忘记经过二层孩子们的家，或是送去问候，或是送去父亲慈祥而温情的眼神。

写过的手稿，马克·吐温不让它们存放于桌面，一页一页地将其抛到弹子桌上，单等妻子来收拾、整理。

▌精心设计的爱心活动室

故居第二层是卧室。马克·吐温的卧室与夫人的卧室相临，他可以在那张很考究的床上自由而卧。

为了睡醒第一眼便能看到床头两尊可爱的小天使，主人便将头睡到本应放脚的那一头。所有房间都收

▌粗犷水手的温情

很多人认为马克·吐温与纽约州一位资本家的女儿奥莉薇娅·勒·兰登结婚后，由于妻子对作品的"检查"，妨碍了他偏于粗犷的艺术才能的发挥。而事实上，是妻子为马克·吐温创造了生活的另一面，温情与伤感，大大地丰富了马克·吐温作品的艺术含量。

马克·吐温自己认为，与薇娅

故居的烟囱设计独具匠心

结婚，共同生活36年，她是一位"绝对的真诚，绝对的忠实，绝对的坦白"的妻子，当她在佛罗伦萨去世时，马克·吐温说他沦为一个乞丐，已经一无所有。

妻子不仅是他创作的助手，作品的第一阅读人，同时更重要的是为流浪、粗犷的水手马克·吐温营造了一个温暖、温情而又自由的家庭。

马克·吐温离曾一度破产，银行清算时他们变卖了家里所有可以变卖的东西。在创建这个马克·吐温故居时，工作人员找来当时拍卖的清单，一件件的将这些物品买回来，也有人自动捐出他们的收藏品。

因为妻子薇娅是一个大资本家的女儿，于是接受了类似贵族女子的教育，而马克·吐温则是个"痞子"。于是，在他们女儿的日记里可以看出薇娅是如何提醒老马那些繁琐的礼仪的。有时餐桌上的刀叉太多，老马会拿错，这时薇娅就会提醒他，Sam,你还记得我们昨天打牌时，你拿错了一张绿牌？于是，老马立刻知道是叉子用错。很有意思的夫妻，用暗号提行对方，很能顾全对方的体面。

河岸的马克·吐温号是西部片里常出现的蒸汽船。三层式的船舱，木质的甲板阳台，加上笔直的烟囱和汽笛声，载着旅客缓缓的浏览宽阔的密西西比河风光。假如到这里游览，参观每一处马克·吐温小说里提到的地点，你会重温他在小说中提到的梦幻般的世界。

故居主人小档案

马克·吐温

马克·吐温原名萨缪尔·兰亨·克莱门（1835.11.30—1910.4.21），是美国的幽默大师、小说家、作家，也是著名演说家，19世纪后期美国现实主义文学的杰出代表。

10 雨果故居（法国）
——正义战士的基地

法国国旗

1. 巴黎浮日广场上的纪念馆
2. 凯旋门最后的送别
3. 人道主义者的宣言
4. 群英荟萃"红客厅"
5. 他怒斥火烧圆明园的野蛮行径

▌巴黎浮日广场上的纪念馆

在巴黎勒玛莱老区的浮日广场，对于一位曾经居住于此的伟人来说，多少显得有点破败和寒碜。这方形的广场原名国王广场，是亨利四世于1605年下令建造的，中间是枝叶扶疏的公园，四周是左右对称的房屋，并且都是一致的样式，三层上再加一层阁楼，红色的砖墙和双层斜坡式的石板屋顶。

雨果故居就在东南转角的地方，六号门牌隐藏在空旷而阴暗的长廊里。这里是雨果曾经长期居住过的两处居所之一。

雨果自1832年至1848年在此居住长达16年之久。雨果从30岁起与妻子和4个儿女在浮日广场6号居住，当时只是租用那栋楼房2层总面积为280平方米的套间。

正是在这里，雨果完成了他的代表作《巴黎圣母院》，写就了名著《悲惨世界》的大部分。在面对着风景秀

老年时的雨果

丽的浮日广场的客厅里,他常常会见同时代的文豪们。

1902年,为纪念雨果百年诞辰,他的老朋友保罗·莫里斯将整座建筑捐赠给巴黎市政府,改建为现在的雨果纪念馆。雨果纪念馆共有三层,一楼为图片等文字介绍,二楼为工作室、客厅、生活起居物品陈列,三楼为书籍出版物、影视资料。

《悲惨世界》是雨果最重要的长篇小说,也是世界文学宝库中的杰作。小说篇幅浩大,共5部。主人公冉·阿让是贫农出身的工人,一直帮助姐姐养活7个孩子,因饥寒交迫,偷了块面包而被判苦役,多次越狱,又被加重处罚。出狱后,在米里哀主教感化下,立志从善,改名换姓,经营工业,赢得当地人的推崇,当上市长。为了解救被误认的无辜者,毅然自首,再度入狱。

为了实践自己对被遗弃而死于贫困的女工芳汀的诺言,他逃离监狱,收养她的女儿珂赛特,隐居巴黎。珂赛特

雨果故居

故居充满了怀旧情调

长大后,与青年马利尤斯相爱。马利尤斯参加1832年起义,起义失败时身负重伤,被冉·阿让冒着生命危险救出。最终长期追捕冉·阿让的警长沙威面对多年舍己为人的人格力量,精神发生崩溃。整部小说突出了贫穷人民悲惨的命运和处境的主题。

凯旋门最后的送别

这位蜚声世界的著名作家以他的如椽大笔史诗般地记述了法国历史的凝重,反映着底层人苦难的心声。作家命途多舛。他关注人生,洞察民情。29岁时,他写出长篇小说《巴黎圣母院》,在全国引起了轰动,获得了伟大小说家的桂冠。

雨果的作品受到了人民的喜爱,同时也因揭露黑暗得罪了当局,被迫流亡国外。19年后拿破仑三世垮台,雨果以英雄的姿态凯旋归国,受到巴黎成千上万劳动人民的欢迎。

人民的作家最终还是回到了人民的怀抱,在这个普通的寓所,他走完了人生最后的16年路程。送葬之日,举国哀恸,万人空巷。人们目睹伟大作家的灵柩从这里缓缓抬出,走出凯旋门,他享受了与皇帝同等待遇的葬礼。

人道主义者的宣言

雨果的《巴黎圣母院》是浪漫主义艺术笔法的升华。雨果用美与丑的强烈的对比宣布了浪漫主义文学的新生。《笑面人》、《悲惨世界》中的人物熔铸了作者的人道主义的理想,在抨击社会黑暗的同时体现了对穷苦劳动者的同情。

故居的二层主要有7个展室,分

为三部分，第一、二室展出雨果流亡海外以前时期的文物；第三、四、五展室为流亡时期的文物；第六、七两室则为流亡后返回巴黎直至辞世时期的文物。大量的珍贵文物都是从各地汇集来的。从雨果幼年时期的照片直到辞世时的卧床，参观者可以伴随着这些文物走过雨果漫长而灿烂的一生。关于《巴黎圣母院》和《悲惨世界》的丰富收藏时常引得参观者驻足凝神。

《巴黎圣母院》的故事发生在中世纪。"愚人节"那天，流浪的吉卜赛艺人在广场上表演歌舞，有个叫爱斯梅拉达的吉卜赛姑娘吸引了来往的行人，她长得美丽动人舞姿也非常优美。这时，巴黎圣母院的副主教克罗德·弗罗洛疯狂地爱上了她。于是他命令教堂敲钟人，相貌奇丑无比的卡西莫多把爱斯梅拉达抢来。结果法国国王的弓箭队长弗比斯救下了爱斯梅拉达，抓住了卡西莫多。他把敲钟人带到广场上鞭笞，善良的吉卜赛姑娘不计前嫌，反而送水给卡西莫多喝。这一举动使卡西莫多十分感动。

敲钟人虽然外貌丑陋，内心却纯洁高尚，他非常感激爱斯梅拉达。天真的爱斯梅拉达对弗比斯一见钟情，两人约会时，弗罗洛悄悄在后面跟着，出于嫉妒，他用刀刺伤了弗比斯，然后逃跑了。

爱斯梅拉达却因此被仇恨已久的教会冠以"女巫"、"杀人犯"的罪名，爱斯梅拉达屈打成招，被判处死刑。卡西莫多把爱斯梅拉达从绞刑架下抢了出来，藏在巴黎圣母院内。诗人甘果瓦引诱救爱斯梅拉达的乞丐群众与卡西莫多大战。弗罗洛找到爱斯梅拉达后，实则重新向她表达自己的爱意，遭到拒绝后，把她交给

故居墙壁上的字刻

了国王的军队,爱斯梅拉尔达被送上绞架。失去爱斯梅拉尔达而绝望的卡西莫多,在无限愤怒之下,将副主教从高楼顶上推下,活活摔死。自己拥抱着爱斯梅拉达的尸体,直到风化。

小说表现了雨果对封建政府和教会的强烈憎恨,同时也反映了他对下层人民的深切同情。

群英荟萃"红客厅"

雨果故居的客厅又名"红客厅",这间宽敞而别致的客厅,四周皆饰以红色,室内陈设精致。当年雨果和大仲马、巴尔扎克、梅里美等一代文豪们在此把酒纵论文学、政治和天下。

可以想象当时的情形,室外和风丽日,蓝天白云,室内飘来缕缕咖啡芳香,人影绰约,豪气干云,女主人穿梭其间,粉黛珠光,殷勤唤客,人生胜景,尽止于此。

他怒斥火烧圆明园的野蛮行径

在故居中有一间以中国古瓷器、书画及漆木家具等布置的中国风格浓郁的房间,这是雨果在格恩济岛居住时专为他的女友朱丽叶·德鲁埃设计的"中国厅"。

很长时间以来雨果和茱丽叶都痴迷东方文化,常常一起到各处淘中国的艺术古玩。他从欣赏中国艺术而至于直接模仿,这间客厅里全部洋溢着中国色彩的木雕作品,如花草、肖像、生活场景等,都是他亲手创作并彩绘而成的。他对中国充满着热爱,曾怒斥拿破仑三世一伙火烧圆明园的野蛮行径,对这个东方文明大国遭受列强的蹂躏寄予了同情。

雨果是伟大的,他给法国乃至全人类留下了极其丰富的文学遗产,每一个法国人都以他为荣。雨果也是幸运的,巴黎市政府为了保存雨果遗迹,下令广场内所有建筑物外部均不能翻修改造,整个广场保持着原样。巴黎甚至还有一条路被命名为"维克多·雨果林荫大道"。

故居主人小档案

维克多·雨果

雨果(1802.2.26—1885.5.22),法国浪漫主义作家,人道主义的代表人物,19世纪前期积极浪漫主义文学运动的代表作家,法国文学史上卓越的资产阶级民主作家,被人们称为"法兰西的莎士比亚"。

11 托尔斯泰故居（俄罗斯）
——一个"农民的办公室"

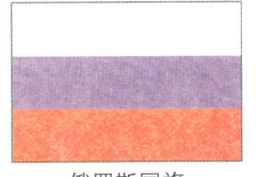

俄罗斯国旗

1. 明媚的林中空地
2. 从贵族到平民
3. 世间最美的坟墓
4. 酷爱音乐的家族
5. 农民办公室写出的鸿篇巨著

◤ 明媚的林中空地

列夫·托尔斯泰是世界级的文学大师，他的故居在位于莫斯科以南约200千米的图拉市附近的雅斯纳雅波良纳庄园，那是一个占地380公顷的大庄园，俄语意为"明媚的林中空地"，是托尔斯泰的产业。

托尔斯泰出身俄国名门贵族，从1828年9月9日出生在这个庄园时，就是伯爵，所以能拥有一个如此庞大的庄园。托尔斯泰家是名门贵族，其谱系可以追溯到16世纪，远祖从彼得一世时获得封爵。

父亲尼古拉·伊里奇伯爵参加过1812年卫国战争，以中校衔退役。母亲玛丽亚·尼古拉耶夫娜是尼·谢·沃尔康斯基公爵的女儿。托尔斯泰一岁半丧母，九岁丧父，由姑妈将他抚养长大。

托尔斯泰画像

这是一幢很典型的俄罗斯庄园，院子中有一个很大的池塘，少年时的托尔斯泰夏天在这里钓鱼、游泳；晚年时的托尔斯泰冬天在这里溜冰。

再往里走，就是一条沙土路，参天大树夹道，两边是青青的草地，一些木屋耸立路旁，一些木椅陈列在林荫深处，阳光照进树林，留下斑驳的影子。

托尔斯泰在构思他的鸿篇巨制时，常常在草地上散步，在长条木椅上沉思。他的第一部长篇《战争与和平》写于1864年，小说以1812年俄法战争为背景，将众多人物和丰富的生活素材编织成一幅19世纪初俄国生活的历史图景。

《安娜·卡列尼娜》也是他在这里耗费5年时间创作的。从1889年开始，托尔斯泰用了10年时间，在他71岁高龄时完成了长篇小说《复活》。它成为19世纪末批判现实主义的杰作。

从贵族到平民

他的书房是一幢一层楼平房。在这幢房子里，托尔斯泰度过了60年，他的长篇巨著诞生在这里，他的人道主义思想及俄国农村改造的梦想也产生在这里，他曾经中断了3年创作，为自己庄园和附近农村创办了20多所学校，由此引发了他世界观

托尔斯泰故居外景

的转变。

在人生的最后几年,托尔斯泰再也不愿意当一个贵族,他自己耕地、缝靴,还为农民盖房子、砌火炉,完完全全平民化了,直到他第三次离家出走,不幸患上肺炎,于1910年11月20日逝世。

托尔斯泰自幼就开始接受典型的贵族家庭教育。1844年考入喀山大学东方语言系,攻读土耳其、阿拉伯语,准备当外交官。期中考试不及格,第二年转到法律系。他不专心学业,迷恋社交生活,同时却对哲学,尤其是道德哲学发生兴趣,喜爱卢梭的学说及其为人,并广泛阅读文学作品。

1847年4月退学,回到亚斯纳亚·波利亚纳。回到庄园后,他企图改善农民生活,因得不到农民信任而中止。1849年4月曾到彼得堡参加法学士考试,只考了两门课就突然回家。

1851年4月底随同服军役的长兄尼古拉赴高加索,以志愿兵身份参加袭击山民的战役,后作为"四等炮兵下士"在高加索部队中服役两年半。虽然表现优异,但也有赖亲戚的提携才晋升为准尉。1854年3月,他加入多瑙河部队。在各次战役中,看到平民出身的军官和士兵的英勇精神和优秀品质,加强了他对普通人民的同情和对农奴制的批判态度。

故居内饰

世间最美的坟墓

托尔斯泰6岁的时候,他的哥哥给他讲了一个故事:在庄园的树林里埋着一根小绿棍,小绿棍上写着能使人免遭不幸,永远幸福的奥秘。

小托尔斯泰溜出家门,四处去寻找。当他失望而归时,塔吉雅娜姑妈告诉他,小绿棍在树林里是不容易找

图说世界著名故居

托尔斯泰墓

到的。但是幼小的托尔斯泰被这根能给别人带来幸福的绿棍深深地打动了,以后他穷其一生去寻找那根能给人类带来幸福的绿棍。

那片儿时寻找绿棍的密林,后来成为了他永远的归宿。在林荫小路的深处,一个长方形的土堆孤零零地躺在那里,土堆上长满了青青的小草。这就是托尔斯泰的墓地,没有墓碑,没有墓志铭,只有托尔斯泰童年时种下的几棵大树陪伴着他。

奥地利作家茨威格在1928年曾来过托尔斯泰墓地,他称赞"俄国所见到的景物再没有比托尔斯泰墓更宏伟、更感人了",他的墓远远超过法国君王拿破仑墓和德国诗人歌德的墓,是"世间最美、给人印象最深刻、最感人的坟墓"。

《复活》是托尔斯泰晚年最重要的作品。男主人公聂赫留朵夫是一个为自己和本阶级的罪恶而忏悔的形象,玛丝洛娃的不幸遭遇深深震动了他,他决心用自己的行动来赎罪。女主人公卡秋莎·玛丝洛娃是一个从受欺凌的地位中逐步觉醒并走向新生的下层妇女的形象。

《复活》也显示了托尔斯泰"撕下一切假面具"的决心和彻底暴露旧世界的批判激情。为此,托尔斯泰遭到当局和教会的迫害,还被革除教籍。然而,托尔斯泰在人民中获得了越来越高的声誉。

酷爱音乐的家族

故居共有大小12间房。许多物品都是原物，家居的摆放也基本保持了托尔斯泰时期的原貌。托尔斯泰一家人都酷爱音乐，经常演奏和欣赏钢琴乐曲。

托尔斯泰每天工作繁忙，除写作外，还要接待从各地慕名而来的拜访者。在这里他会见了许多作家、艺术家和代表团，如：屠格涅夫、契诃夫、列宾等。

客厅墙上挂着大大小小共10幅油画，有他的工作画像，还有妻子、女儿、曾祖父、祖父和外祖父的肖像。油画非常的珍贵，有的出自画家列宾之手。

托尔斯泰的书房有9个书柜，里面满满地摆放着书籍，其中，有些是用外文写成的。桌子上放着一册书目，里面详细记载着作家创作的年代、书的名称。

故居共有28个相同的书柜，存有12 247万册书籍。二战时，许多书籍被及时转移出去，虽然故居曾被破坏，但书籍基本得以保存。

农民办公室写出的鸿篇巨著

晚年的托尔斯泰在思想上完全

美丽的托尔斯泰庄园

图说世界著名故居

草地上的白色建筑

站到了苦难农民的立场上,他放弃了身为贵族的种种特权,想把自己庄园的土地分给农民。因此他被千百万笃信宗教的农民视为真正的教皇。

在故居一层,有一间用来贮藏食品的穹顶房,里面摆放有铁锹、镰刀等农具。写作之余,托尔斯泰到庄园周围锄草,体验劳动的艰辛。

就是在这间被称为"农民办公室"的普通房间里,托尔斯泰用7年时间,终于完成了《战争与和平》这部同时代最壮丽的历史巨著。仅创作手稿,从最初构思到最终定稿,密密麻麻的写满5 200多页。

故居主人小档案

托尔斯泰

列夫·尼古拉耶维奇·托尔斯泰:俄国作家、思想家,19世纪末20世纪初最伟大的文学家,19世纪俄国伟大的批判现实主义作家,是世界文学史上最杰出的作家之一。他被称颂为具有"最清醒的现实主义"的"天才艺术家"。主要作品有长篇小说《战争与和平》、《安娜·卡列尼娜》、《复活》等,也创作了大量的童话。他的作品描写了俄国革命时的人民的顽强抗争,因此被称为"俄国十月革命的镜子",列宁曾称赞他创作了世界文学中"第一流"的作品。

12 莎士比亚故居(英国)
——哈姆雷特之父的家

英国国旗

1. 被各国专家研究最多的戏剧家
2. 绿树环绕的莎翁夫人故居
3. 它也是伦敦的国立纪念馆
4. 保存着莎翁上小学时的课桌
5. "哈姆莱特"和"李尔王"的塑造者

▶ 被各国专家研究最多的戏剧家

威廉·莎士比亚是欧洲文艺复兴时期英国最伟大的戏剧作家,又是以写十四行诗著称,而在文学史上占居极其重要地位的诗人。他的扛鼎之作超越了时空和国界,在英国及全世界许多国家,每年都要举办莎士比亚戏剧节,演出其精典剧目,并且以此为荣,成为世界文学库藏中的无价瑰宝。

他是英国文坛的巨星,在世界文化史上地位崇高,影响巨大,是公认的欧洲三大诗人(莎士比亚、歌德和但丁)之一。他的戏剧生动地描绘了欧洲17世纪的社会生活、思想政治和民族风情,受到世界各国各时代人民的普遍喜爱,是全世界出版最多,流行最广,演出也最多的戏剧。

威廉·莎士比亚画像

同时,莎士比亚也是被各国专家学者研究得最多的戏剧家,这使得"莎学"成为了世界上一门广有影响的"显学"。

图说世界著名故居

"莎翁故居",实际包括五个地方,出生地,莎翁母亲的旧居,莎翁妻子的旧居,莎翁女婿的旧居和莎翁返乡后的新居。位于伦敦近郊的斯特拉特福小镇的汉利街上两层高建筑则是莎士比亚的出生地,这是都铎式建筑,里面保存了当年莎士比亚的遗物,以及和他有关的人所用过的物件,楼上房中一张旧床,正是莎士比亚当年出生的所在地。

◤ 绿树环绕的莎翁夫人故居

1564年,莎士比亚呱呱坠地于一个富裕居民的家里。童年,他进入文法学校学习文学、修辞学及拉丁文。家境衰落后,18岁的莎士比亚迎娶26岁的农家女安妮·哈撒韦为妻,生育二女一子。

大约在1587年,莎士比亚离家别妻,孤身独行去伦敦谋事维生,处境堪怜地做过马夫等最卑贱的职业。后来,他有幸与艺术结缘,先后当过演员、导演和编剧,随团奔走四方巡回演出。他深观细察社会,明然而悟各阶层的生活,积累了创作素材,丰富了实践经验,然后笔锋熟极地写出透视生命的悲欢离合的名剧,巧摹风尘世事,妙谈万般人情,昂轩雄立世界剧坛。1613年左右,他才倦鸟知归,返回故乡,直至52岁与世长辞。

莎翁夫人的家,相距莎翁故居仅1千米。这是一座高顶的茅屋,屋面上覆盖的麦草被修剪得十分整齐,约

莎士比亚故居

厚尺许，好像铺了一层厚茸茸的毡毯。

起居室、吃饭间毫无殷富人家的奢靡，室内陈饰显得简陋，透露出岁月流光涤荡的沧桑。地板粗糙不平，器皿用铁和树木制造，烛台以树叶作为燃料来照亮沉黯之夜。

◼ 它也是伦敦的国立纪念馆

莎翁故居是一幢两层楼的建筑，比其夫人古宅宽敞、气派。这里历经风雨，几度修葺，始终保持着16世纪的风格。莎翁的孙女谢世后，其直系血脉便无法畅流，人去楼空，房产变卖，换成新主。

到了1847年，此屋在伦敦公开拍卖，由一个社会名贤们组成的团体中标承购，改为国立纪念馆，让慕名而来的群众凭吊这位文化巨匠。

◼ 保存着莎翁上小学时的课桌

客厅的木柱黝暗，墙壁却是粉白的，对比强烈，所有的家具都是16世纪时期的式样，有桌椅板凳，有镜子、玻璃瓶和水壶等，都镌印着莎翁及其家人的手泽。

客厅的另一方是莎翁纪念室，陈列着文献资料、书籍画册以及其他物品，供参观者浏览、阅读；墙上挂着一幅莎翁的肖像，出自名家的手笔。剪短而微翘的唇须，高宽的前额。显示出他的出众睿智与仁慈为怀。一张笨拙的小桌默然兀立，原是少年莎士比亚在镇上小学念书时的课桌。

◼ "哈姆莱特"和"李尔王"的塑造者

为了重点保护故居，毗邻的房屋早在上百年以前就被拆除，防止火灾

故居内的壁炉

延祸。花园一侧的"莎士比亚中心",是新建的现代建筑,里面陈列着他的相关作品。

莎士比亚是欧州文艺复兴时期人文主义在思想上和艺术上的杰出代表。从他塑造的哈姆莱特、李尔王、奥赛罗、苔丝狄蒙娜以及克劳狄斯、伊阿古、麦克白夫妇等性格鲜明、内涵丰富的典型人物的言行上,就充分地体现出来。

例如,哈姆莱特王子无疑是一代新人,他既是忧郁的强者,又是迷惘的智者,他在人生的疆场上没有退却,勇于奋斗,然而由于他存在难以逾越的精神危机,找不到实现高远清明社会理想的物质力量和正确途径,因此,他在为父王报仇雪恨、剪除蟊贼、重整乾坤的过程中,把自己满腔鲜血和青春生命,不吝地奉献在崇高事业的祭坛前,谱写了一位先知先觉者撼人魂魄又凉透心胸的悲剧。

他所写的154首十四行诗,不但饱含着波澜起伏的感情和深沉阔广的思想,而且语言凝炼、词汇丰富、结构妙巧、音调多变,已成绽放在英国诗坛上的一束绚灿芬芳的花朵。

莎士比亚的戏剧,在艺术形式上属于诗剧,是以无韵诗体写成,具有音韵的节奏美感,善于形容譬喻,妙语如珠,意味隽永,天趣盎然,有些名句,流传甚广,经久不衰,已成为英国语言的精华。

在艺术表现上,他继承古代希腊

游客在故居内小憩

故居内景

罗马、中世纪英国和文艺复兴时期欧洲戏剧的三大传统并加以发展,从内容到形式进行了创造性革新。

他的戏剧不受"三一律"束缚,突破悲剧、喜剧界限,努力反映生活的本来面目,深入探索人物内心奥秘,从而能够塑造出众多性格复杂多样、形象真实生动的人物典型,描绘了广阔的、五光十色的社会生活图景,并以其博大、深刻、富于诗意和哲理著称。

莎士比亚表面楚楚风光,终生却被贫穷困扰,但他孤标傲世,自强不息,椽笔勤奋,创作了剧本37部(其中有一部与别人合写),长诗2部,十四行诗154首。他逝世7年后,才由戏剧界友人搜集他的遗作,出版了第一本莎士比亚戏剧集。

英国散文大师兰姆和他的姐姐玛丽·兰姆,还开拓性地尝试将莎剧改编成故事性散文《莎士比亚戏剧故事集》,成为人们珍爱的读物,研究者必备的参考书。之后,英国的奎靳·库奇改编的《莎士比亚历史剧故事集》,也颇有特色,享有盛誉……莎翁的一生,遍看世事,阅尽炎凉,可谓"生前寂寞,死后殊荣"。

莎士比亚

威廉·莎士比亚(1564—1616)英国文艺复兴时期伟大的剧作家、诗人,欧洲文艺复兴时期人文主义文学的集大成者。

莎士比亚的代表作有四大悲剧:《哈姆雷特》、《奥赛罗》、《李尔王》、《麦克白》。著名喜剧:《仲夏夜之梦》、《威尼斯商人》、《第十二夜》、《皆大欢喜》。历史剧:《亨利四世》、《亨利五世》、《查理二世》。正剧、悲喜剧:《罗密欧与朱丽叶》。还写过154首十四行诗,二首长诗。马克思称他和古希腊的埃斯库罗斯为"人类最伟大的戏剧天才"。世人尊称他为"莎翁"。

图说世界著名故居

13 狄更斯故居（英国）
——幽默大师的"荒凉山庄"

英国国旗

1. 他长眠在自己出生的躺椅上
2. 战火不曾蔓延到这片静土
3. 这里还珍藏着狄更斯的头发
4. 维多利亚风情中的文学宝藏
5. 观赏全镇风景的最佳地点

▌他长眠在自己出生的躺椅上

1812年，在英格兰朴茨茅斯市内的一所房子内，在一把绿色天鹅绒躺椅上，23岁的伊丽莎白·狄更斯生下了一个婴儿。他就是后来家喻户晓的狄更斯。

1879年，也是在这把躺椅上，这位伟大的作家离开了人世。在这67年的时间里，狄更斯留给了世人多部精彩的作品以及2000余个栩栩如生的角色。

狄更斯是位高产作家，他凭借勤奋和天赋创作出一大批经典著作。他又是一位大师，常常用妙趣横生的语言在浪漫和现实中讲述人间真相，他是19世纪英国文学的主要代表。艺术上以妙趣横生的幽默、细致入微的心理分析，以及现实主义描写与浪漫主义气氛的有机结合著称。把他和萨克雷等称誉为英国的"一批杰出的小说家"。

狄更斯故居位于肯特郡海边小

查尔斯·狄更斯

故居墙壁上挂有主人的雕像

镇布罗德斯泰斯，它始建于1801年，是拿破仑时期为当地堡垒指挥官修建的住所，它外形酷似堡垒。山庄共有6间卧室，属于英国国家二级保护建筑。狄更斯的永久居住地在肯特郡附近的海厄姆，大约离"荒凉山庄"20英里远，但狄更斯生前非常喜欢在这座海边别墅避暑。

从1837年到1859年，狄更斯从当时的私人老板那里把"堡垒山庄"租下来，和他的家人在这里度过了22个夏季，他把它称为"我们的戏水圣地"。

这里收集了有关狄更斯的很多展品和他的手稿、书信、相片及其他私人的物品，自1925年起对外开放，至今依然吸引着全球各地的人来此感受狄更斯遗留下来的文学之风。

◤ 战火不曾蔓延到这片静土

狄更斯的父亲在1809年来到朴茨茅斯，为海军的一个部门工作。当时的朴茨茅斯还是个不毛之地，街道上经常游荡着烂醉如泥的人，暴力事件时有发生。

二战期间，朴茨茅斯市很多建筑都毁于敌军的轰炸。但幸运的是，狄

狄更斯故居

更斯出生时的家却免于战火,保留至今,屋子里所有房间都用英国摄政时期风格装饰。

狄更斯一家从1809年到1812年间都住在这里,而当时流行的就是这种风格。后来的管理者们复原了这所房子里曾使用的壁纸。连其母亲伊丽莎白·狄更斯使用的橱柜也被保留了下来进行展示。

▧ 这里还珍藏着狄更斯的头发

狄更斯童年的时候,可以从自家窗户探出头去看到堆满干草和蔬菜的晾晒场,沿海还有几架风车,再远处就是朴茨茅斯港。

他的母亲伊丽莎白性格开朗,喜爱跳舞,她的模仿能力超人。也许,伊丽莎白的善于模仿被原封不动地遗传给了自己的儿子。男主人约翰·狄更斯在皇家海军财政部下属的一个办公室工作。如今在他著名儿子出生的房间外面,还安放着约翰·狄更斯的半身像。

顶楼还有一些具有纪念价值的东西在进行展出,包括狄更斯的一小把头发、狄更斯父亲在给小女儿念故事的照片以及被铁栏杆保护起来的那把绿色躺椅。

狄更斯经常被说成是伟大的幽默家,但更重要的是文学上伟大的革新家。他描写为数众多的中、下层社会的小人物,这在文学作品中是空前的。

他以高度的艺术概括、生动的细节描写、妙趣横生的幽默和细致入微的心理分析,塑造了许多令人难忘的形象,真实地反映了英国19世纪初叶的社会面貌,具有巨大的感染力和认识价值。

他笔下的人物大多有鲜明的个性。他善于从生活中汲取生动的人民的语言,以人物特有的语言表现人物的特点和性格。

狄更斯的创作具有浓重的浪漫主义气息,他所描写的事物似乎也都是有某种能与人物的感情、气质相契合的"灵性",增强了作品的感染力。

■ 维多利亚风情中的文学宝藏

狄更斯于1837—1839年居住在伦敦的寓所现今已经成为一所世界知名的狄更斯博物馆,馆内展示了狄更斯珍贵的原稿、肖像画、原始家具等,重现这位文学大师的生活点滴。

在一楼后侧也有纪念品商店可免费参观,售有怀旧风格的纪念明信片、书签、文具和相关书籍等。

狄更斯不仅是一位多产的写作者,也是一位积极的表演者。他一生刻苦勤勉,繁重的劳动和对改革现实的失望,严重损害了他的健康。1870年6月9日狄更斯因脑溢血与世长辞,临终时他的第一部侦探小说《艾德温·德鲁德之谜》也未能完成。

狄更斯的文学成就对世界文学的影响是巨大的。他的作品很早就被介绍到中国。

1908年林纾与魏易同译了《块肉余生述》(即《大卫·科波菲尔》)、《贼史》(即《奥列佛·特维斯特》)和《孝女耐儿传》(即《老古玩店》)。

此后,又陆续翻译出版了狄更斯的多种重要作品,受到广大读者的喜

故居内的雕像

爱。狄更斯在创作中表现的人道主义与社会批判精神以及艺术技巧,对中国现代小说创作有很大的影响。

观赏全镇风景的最佳地点

"荒凉山庄"现任主人是一位名叫理查德·希尔顿的商人,他是英国的珠宝大亨,"荒凉山庄"虽然经过几次修缮,但是它大部分的原貌仍然被完好地保存了下来。这座房子是当地最著名的建筑,是全镇的地标,也是观赏全镇风景的最佳地点。

虽然它现在是私人拥有的,但作为博物馆时,有很多文物都还陈列在别墅里。这些文物包括狄更斯用过的一个办公桌,他的肖像和一个牌匾,上面写着:"视线越过这张桌子,狄更斯深情地望着自己心爱的英吉利海峡,那时曾是19世纪的海上活动高峰期,强大的帝国海军舰队在那设有基地,许多贸易船舶来来往往,使得英吉利海峡被称为世界上最繁忙和重要的海上通道之一。"

为了纪念19世纪的文学巨匠查尔斯·狄更斯,英国计划斥巨资兴建一座类似"迪斯尼世界"的相关主题公园。建成之后,这将成为世界上第一座以文学为主题的大型主题公园。该主题公园暂命名为"狄更斯世界"。

"狄更斯世界"建在英国东南部查塔姆镇的一块郊地上,该处原是一所海军造船厂。"狄更斯世界"全部以狄更斯的小说为中心进行游乐项目的建设,这些小说包括最著名的《双城记》、《匹克威克外传》、《大卫·科波菲尔》和《远大前程》等。因为"狄更斯在这里住过,而且很多他的作品构思也来自查塔姆。建设这个主题公园是希望更多的年轻人牢记狄更斯。

狄更斯

查尔斯·狄更斯,19世纪英国批判现实主义小说家。狄更斯特别注意描写生活在英国社会底层的"小人物"的生活遭遇,深刻地反映了当时英国复杂的社会现实,为英国批判现实主义文学的开拓和发展做出了卓越的贡献。他的作品至今依然盛行,对英国文学发展起到了深远的影响。主要作品《匹克威克外传》、《雾都孤儿》、《老古玩店》、《艰难时世》、《我们共同的朋友》。

14 肖邦故居（波兰）
——"钢琴诗人"的故土

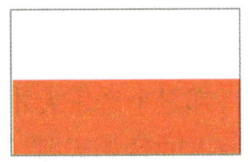
波兰国旗

1. 幽静小村庄中的音乐天堂
2. 心永远在最珍爱的地方
3. 拨动灵魂的声音
4. 肖邦国际钢琴比赛
5. 最浪漫的长椅

◼ 幽静小村庄中的音乐天堂

肖邦1810年出生在波兰中部小镇热拉佐瓦·沃拉，肖邦的母亲是波兰人。父亲是波兰籍的法国人，当时在热拉佐瓦·沃拉的贵族斯卡莱克伯爵家当家庭教师。肖邦的母亲是斯卡莱克家族的表亲，她钢琴弹得很好，还擅长唱波兰民歌。

肖邦生于1810年2月22日，出生后在热拉佐瓦·沃拉的家住了7个月。肖邦一家在1810年搬到了华沙。肖邦在波兰被视为神童，1816年6岁的时候开始学习钢琴，相继由他的姐姐和母亲教授钢琴演奏。

肖邦故居位于华沙西北约50千米的幽静小村——热拉佐瓦·沃拉，这里是他的诞生地。现在的肖邦故居纪念馆是二战后重建的。

肖邦像

室内保留当年的风貌，存放着肖邦少年时代的作品和他曾经使用过的"长颈鹿"竖式钢琴。每到周日，这里都要举行音乐会，由世界各地著名的钢琴家演奏肖邦作品。

故居外的庭院风景如画,种植着由波兰各地捐献的名贵花草树木,院内竖立着肖邦的雕像。溪水潺潺,琴声飘飘,这里悠美的环境吸引了不少游客前来休闲、散步。

肖邦故居占地7公顷,一排白色的小屋掩映在绿树鲜花之中。林里的树木高大苍劲,中间通道两边的橡树已有130多年的树龄。

园内还有不少珍贵植物,各种花卉色彩斑斓。庭院内有4座造型各异的肖邦塑像,其中一座是100多年前的作品,也是波兰的第一座肖邦塑像。庄园外,一条名为乌特拉塔的小河从中穿过,河上横跨一座弯弯的拱桥。唯一一栋不大的房舍座落在园林中间,肖邦就出生在其中的一间屋里。

肖邦是个音乐天才,从小就展现出他惊人的音乐天赋,7岁时便能作曲,他的第一首作品B大调和G小调波兰舞曲创作于1817年,体现出肖邦不同寻常的即兴创作能力,他在华沙被誉为"第二个莫扎特"。

第二年也就是1818年,8岁的肖邦在一次慈善音乐会上演奏了阿达尔伯特·吉罗维茨的作品,这是肖

肖邦故居

肖邦故居遗址

邦的第一次登台演奏,从此跻身波兰贵族的沙龙。

1822年起肖邦师从约瑟夫·艾尔斯内学习音乐理论和作曲,一年后公开演奏了德国作曲家费迪南德·里斯的作品。1826年从中学毕业后,肖邦在音乐学院继续跟随约瑟夫·艾尔斯内学习钢琴演奏和作曲。

肖邦作曲相当勤奋,他发表的第二部作品是B大调钢琴和管弦乐变奏曲,来自莫扎特的歌剧唐·乔望尼,几年后在德国引起了轰动。1831年罗伯特·舒曼作为音乐评论家在莱比锡的一份19世纪最重要的音乐报纸中,以《作品二号》为题写道:"先生们,向天才脱帽致敬吧",对肖邦的作品给予极高的评价。

他19岁时已经创作了两首钢琴协奏曲。1829年至1831年间,肖邦在华沙、维也纳和巴黎各地举行了多场音乐会,他的演出受到了专业报刊的高度评价,"柔和的演奏,难以形容的流畅,能够唤起最深感受的完美演绎。"

心永远在最珍爱的地方

肖邦是"音乐地平线上最闪亮流星中的一颗"。因为1830年波兰爆发了反对外国势力瓜分波兰的起义,肖邦无法回国,而肖邦的父亲也建议肖邦暂时先留在国外。1831年肖邦最终忍痛离开故乡波兰移居到了法国巴黎,开始以演奏、教学和作曲为生。

肖邦有三个姊妹。姐姐露德维佳音乐天赋很高,是肖邦学习钢琴的启蒙老师。肖邦最后一次回到这个家时已20岁。

1830年10月,他怀着抑郁的心情离开祖国,这之后便长期生活在国外,再也没回过波兰。1849年,由于常年受肺结核病的困恼,肖邦在巴黎

图说世界著名故居

钢琴摆在角落里

市中心的家中去世。

当年肖邦生前的愿望是安葬在华沙,可惜沙皇当局拒绝其尸体回国,只有其心脏辗转回国,并匿名安葬于圣十字教堂内,直到1918年波兰独立后,才设立了纪念碑。

▪ 拨动灵魂的声音

为了纪念肖邦,20世纪30年代,波兰著名建筑艺术家教授设计建造了这座园林。肖邦之家整个房子里的陈设同肖邦生前完全一样,由于年代久远,肖邦生前使用过的实物已失散,室内展出的都是复制品。

每年春夏两季是肖邦故居举行音乐会的季节,每个星期天这里都举行钢琴演奏会。首场音乐会是5月的第一个周日,最后一场音乐会在9月的最末一个周日。

音乐会分为上下午两场,钢琴家在肖邦之家的琴房里弹奏肖邦的作品,听众则坐在窗外长凳或园内各处的长椅上,凝神品味,倾心聆听。

▪ 肖邦国际钢琴比赛

肖邦国际钢琴比赛堪称音乐界的盛事,它是世界上最有名、最严格、级别最高的比赛之一,每5年在首都华沙举办一次,至今已有70多年的历史。它不仅记载着现代钢琴家们的年少风华,更是20世纪奏史不朽传奇的见证。

肖邦的音乐一度被曲解成靡靡之音,甚至连专业音乐院校都不愿意再将肖邦的作品作为教学曲目。在这样的情况下,波兰的钢琴家和音乐教育者们决定举办"肖邦国际钢琴比赛"以发扬肖邦的音乐精神,并发掘出优秀的肖邦音乐诠释者。

首场钢琴音乐会的第一位演奏家是1949年波兰战后首届肖邦钢琴比赛一等奖获得者、波兰著名女钢琴家切尔奈丁芬斯卡。

第二位演奏者是一名才华横溢的日本女钢琴家。所有肖邦之家钢琴音乐会的演奏者都是历届肖邦钢琴比赛的获奖者、波兰和世界各国最优秀的钢琴家及其他著名钢琴比赛的获奖者,还有波兰音乐学院的优秀教师和有天赋的学生。暑假期间所有的周六还增加一场音乐会,由才华出众的青少年钢琴手演奏。

最浪漫的长椅

在华沙所有关于肖邦的纪念性建筑中,最特别的应该是肖邦长椅。2010年初,华沙市政府在街头放置了15张多媒体音乐长椅。

这些长椅内置了多媒体音乐播放器,只要按下播放键,就能听到肖邦15首经典钢琴作品片段。长椅上还刻有肖邦在华沙的生活轨迹,并用波兰语和英语做了简单介绍。

这些长椅放置的地点,大多是肖邦曾经生活或者活动的地方,比如肖邦第一次演出的拉基维乌夫宫(总统府)、肖邦曾经担任管风琴演奏员的教堂、肖邦故居等等。而除了这些具有标志性的地方,某个街角咖啡馆的路边。

坐在最浪漫的长椅上聆听世界上最浪漫的音乐,不失为一种绝美的享受。

肖邦

弗里德里克·弗朗索瓦·肖邦,波兰作曲家、钢琴家,肖邦1810年3月1日生于华沙近郊,父亲是法国人,侨居华沙任中学法文教员,母亲是波兰人。

肖邦从小就表现出非凡的艺术天赋,6岁开始学习音乐,7岁时就创作了波兰舞曲,8岁登台演出,不足20岁已出名。他是历史上最具影响力和最受欢迎的钢琴作曲家之一,是波兰音乐史上最重要的人物之一,是欧洲19世纪浪漫主义音乐的代表人物。肖邦一生的创作大多是钢琴曲,被誉为"钢琴诗人"。

15 卡夫卡故居（捷克）
——布拉格黄金 22 号

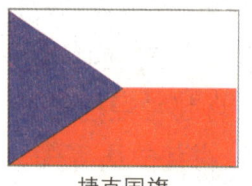

捷克国旗

1. 布拉格是他带爪子的母亲
2. 保险公司的忧郁小职员
3. 欧洲最美丽的城市
4. 黄金小巷里的忧郁人生
5. 他的遗嘱是烧掉自己的手稿

■ 布拉格是他带爪子的母亲

卡夫卡是奥地利的德语作家，但他不是生活在今天的奥地利共和国境内，而是19世纪后期奥匈帝国的组成部分波希米亚王国的首府布拉格。这位英年早逝的作家作品均未在生前发表，却以神奇的力量虏获了世界无数读者的心，也让布拉格成为了卡夫卡迷的朝圣地。

卡夫卡把布拉格称作"带爪子的母亲"，不管走多远都要被"母亲的爪子"抓回到身边。这里到处都能找到他的身影，国民剧场附近的罗浮咖啡馆、卡夫卡书店、卡夫卡博物馆……就像他的好友所说："卡夫卡就是布拉格，布拉格就是卡夫卡。"

卡夫卡1883年7月3日出生于奥匈帝国布拉格老城北边的一个犹

卡夫卡像

太商人家庭。卡夫卡当年住过的房子非常低矮，周边狭巷交错，简陋的房子密集如织，一片浑沌。

加上他的父亲粗暴、专制，对儿子的学习、生活不闻不问，只是偶尔指手画脚地训斥一通，使他内心中一

故居外门上醒目的"22号"

直对父亲存有无法消除的畏惧心理，养成了敏感、怯懦的性格和孤僻、忧郁的气质。

他曾对好友古斯塔夫·雅努施说："在我们的心中，那黑暗角落似乎有些诡秘的街巷、紧闭的窗户、肮脏的庭院、嘈杂的酒店等等，至今都仍存活着——心中的这种不健康的旧犹太人街，比我们周围的卫生的新街，要更为现实。我们是睁着眼走在梦里。或许我们自己也是已经逝去的亡灵。"

雅努施则在《卡夫卡对我说》中这样写道："我经常为卡夫卡对这座城市的各种建筑物有着这么广博的知识而吃惊。他不仅熟知宫殿、教堂，而且也很了解旧城区的里面，直到'穿越之家'……他带我穿过弯弯曲曲的胡同，进入他成为'光的痰盂'的旧布拉格式的小漏斗型的院子，在老查理桥附近，穿过巴洛克风格的大门，横贯围着圆形文艺复兴式回廊的局促的院子，通过黑暗的像筒一样的地道，前往窝在狭小的院子里的凄凉饮食店。"

确实，卡夫卡对他生活的旧城区无所不知，正如他的朋友约翰内斯·乌尔齐狄尔所说："卡夫卡就是布拉格,布拉格就是卡夫卡。"

保险公司的忧郁小职

在世界文学史上,卡夫卡绝对是一个异数。

一方面,他在身份认定上的矛盾性与特殊性:他是奥匈帝国的臣民,生长在捷克的布拉格,在一家意大利保险公司做小职员,母语是德语,血统是犹太人,而他本人又终身与犹太人的生活、宗教和习俗保持着非常大的距离;另一方面,他又是一个"生前寂寞、死后荣耀"的典型:他生前穷困潦倒、颠沛流离,死后却备受推崇,一跃成为现代派文学的鼻祖,被大师级人物萨特和加缪都尊称为"师长";而整座布拉格城更是借卡夫卡之名,成为世界各地游客前来拜访的圣地。

欧洲最美丽的城市

如今的布拉格,是和作家弗兰兹·卡夫卡、哈谢克(《好兵帅克》作者)、米兰·昆德拉和作曲家德沃夏克的名字密不可分的。早在200年前,歌德就说:"布拉格是欧洲最美丽的城市",自从出了这四位享誉世界的文化名人,布拉格就变得更加令人向往。

在这座金色之城里,黄金巷是由旧市政厅广场、圣乔治教堂到玩具博物馆、查理桥的必经之路。而这条旅游线路,正是布拉格的精华所在。凡

卡夫卡博物馆门前雕像

是到布拉格旅游的人,定然会从黄金巷22号门前走过。因为这个有着22号的门牌号是卡夫卡的故居。

书店里陈列的卡夫卡作品

◤ 黄金小巷里的忧郁人生

这是一条由砖石铺成的窄窄街道,巷子是个死胡同,德语形象地称为"口袋弄"。据说因为是16世纪鲁道夫二世在位时炼金术士居住的地方而得名。

现在黄金巷的每个小房子都已经改成富有特色的商店,门牌22号房屋尤其显眼。

但这里并非卡夫卡的出生地,1916年至1917年间,忧郁、孤僻的卡夫卡因为不堪旧城区的喧闹嘈杂,搬到了姐姐奥特拉的这幢平房写作,在这里完成了小说《城堡》。

故居只有一个房间,红瓦蓝墙,房子低矮得可怕,亚洲人都要下意识地弯腰进入,对那些人高马大的欧洲人来说则更显得压抑。

不禁让人想起卡夫卡的名言:"笼子在等待着一只小鸟,而我这只鸟却在等待一只鸟笼。"在卡夫卡看来,一个人纵然多么地自由,总是会有无形的、有形的牢笼始终追逐着他。现在,这里是一家卡夫卡纪念品店,窄窄的书架上布满各种版本的卡氏书籍,封面上的卡夫卡向路人投去忧郁孤寂的目光。

◤ 他的遗嘱是烧掉自己的手稿

这里与东岸的旧城区隔了一条伏尔塔瓦河,如今作为他的故居开放,这间不过10多平米的小屋,已经被改作了一家琳琅满目的书店。

卡夫卡所有的著作在此都有销售。书店仅一名年轻的女营业员,来买书的读者络绎不绝。书店的生意如此兴隆,这也许是卡夫卡生前做梦也想不到的事情吧?

卡夫卡曾在日记里这样描述他写作《判决》时的情景:"极度紧张、极度兴奋,故事在眼前展开,就像我在水中缓慢前行。一夜间,我几次躺倒,

黄金巷

苦苦思索着我要表达的一切……这才叫写作——全然开启整个身心。"

他当年写作的条件很艰苦，因父亲拒绝向他资助，他不能扔掉赖以生存的保险公司的工作，除了吃饭不能取消之外，他把自己的生活简化到了极致，静静地关在这里，几乎每天都要一口气写上10个小时才觉得过瘾，使被痛魔折磨着的身体获得暂时的安宁。

遗憾的是，他的大部分作品既无题目又无结尾。他不停地写作，又不停焚烧自己的作品。临终前，他竟给朋友布洛德留下了将其全部手稿付之一炬的遗嘱。

幸好布洛德的做法全然相反，将他的代表作《美国》、《审判》和《城堡》定名后予以出版，才使这位现代主义文学流派的鼻祖名扬四海，流传至今。

据说，整条黄金巷的商店傍晚6点就关门了，唯独卡夫卡故居一直开到晚上8点。人们参观巍峨皇宫，只是去艳羡皇家的奢华与富贵，而朝拜这间陋室，却是凭吊一颗忧郁与孤独的灵魂。

大多数人到黄金巷都是为了一睹卡夫卡曾经居住的地方，巷道开头的咖啡馆甚至就叫卡夫卡咖啡馆。六点前的观光客非常多，过了六七点之后，人数大为减少，这条狭小的巷道与彩色的房屋墙壁，仿佛开始慢慢沉睡，而卡夫卡又出现在了巷子的那头，若有所思地走来。

故居主人小档案

卡夫卡

弗兰兹·卡夫卡(1883—1924)奥地利小说家。出生犹太商人家庭，18岁入布拉格大学学习文学和法律，1904年开始写作，主要作品为4部短篇小说集和3部长篇小说。卡夫卡是欧洲著名的表现主义作家。

他生活在奥匈帝国行将崩溃的时代，又深受尼采、柏格森哲学影响，对政治事件也一直抱旁观态度，故其作品大都用荒诞的形象和象征直觉的手法，表现被充满敌意的社会环境所包围的孤立、绝望的个人。

16 马克思故居（德国）
——无产阶级的精神家园

德国国旗

1. 无产阶级的精神领袖
2. 铁器店变为纪念馆
3. 华国锋曾到访赠送瓷器
4. 传世仅存三本的德文版《共产党宣言》
5. 中国游客的"马克思故居情结"

无产阶级的精神领袖

马克思故居是一幢典型的18世纪德国巴洛克式民居：橘红色的三层建筑，它如此朴实，就像一户普通人家。1818年4月卡尔·马克思之父，一位犹太裔律师租赁了这所住宅。

11个月以后，在这里诞生了一个婴孩，他名叫卡尔·马克思。马克思在这幢橘红色的楼房里度过愉快的童年，直到1835年高中毕业。

少年马克思与女友燕妮在此留

故居墙壁上的马克思雕像

下了"青梅竹马"的佳话,他们后来成为相濡以沫的终生伴侣已是人们熟知的故事。17岁的少年马克思离开了故乡后,就再也没有回来。

与欧洲其他的名人纪念馆一样:马克思故居现在已被作为马克思纪念馆,收拾得光洁明亮、一尘不染,几乎看不到历史的陈垢。在这里展出的许多物品,图文并茂地介绍了马克思的一生以及他同时代的历史和人物。收藏了马克思著作的初版本、亲笔手稿、书信。以及外国政府赠送的艺术品。同时还详细介绍了马克思和恩格斯两位伟人之间深厚的友谊。

纪念馆中的展品并非是原物,大多是从特利尔市民中购买来的。在德国人民看来:中国人比德国人更崇拜马克思,在中国人的意识里马克思已近乎于"神化";作为一种信仰:中国人就像怀着朝圣心情的信徒,万里迢迢来朝拜。

他是全世界无产阶级的伟大导师、科学共产主义的创始人。伟大的政治家、哲学家、经济学家、革命理论家。主要著作有《资本论》、《共产党宣言》等。他是无产阶级的精神领袖,是近代共产主义运动的弄潮儿。

支持他理论的人被视为马克思

马克思故居

主义者。马克思最广为人知的哲学理论是他对于人类历史进程中阶级斗争的分析。

他认为这几千年来，人类发展史上最大矛盾与问题就在于不同阶级的利益掠夺与斗争。依据历史唯物论，马克思大胆地假设，资本主义终将被共产主义取代。

▣ 铁器店变为纪念馆

1928年，德国社会民主党以近10万帝国马克从私人手中买下了这座当时已改为铁器店的马克思故居。以后将其改建成马克思、恩格斯纪念馆。

1933年，德国纳粹上台，故居被没收，文物被洗劫一空。直到1947年5月5日，马克思故居被辟为纪念馆开放。

▣ 华国锋曾到访赠送瓷器

马克思故居的说明书有德、英、俄、法、西、中、日7种语言，马克思故居的中文说明书简繁两个版本。而在德国其他名胜，说明书上的亚洲文字大多只有日文。显然，在马克思故居，中国人是常客。另外，在故居陈列的《共产党宣言》和《资本论》的众

故居是巴洛克风格的小楼

多版本中，包括德文原版，印刷最精美的也属中文版。

1983年故居重新开放后，因东西阵营对立，真正来过这里的社会主义国家领导人并不多，华国锋同志便是这为数不多中的一位。访问西德时他特意来此参观，并赠送了绘有马克思头像的瓷盘和《资本论》中文精装本。

▣ 传世仅存三本的德文版《共产党宣言》

纪念馆的第一层有4个展室：第一室，里面为接待室、问讯处；第二、三室，专门举办各种专题展览；第四室，为电视录像放映室。在第二展室

中展出有马克思的出生证书、马克思与燕妮的结婚盟约和结婚证书,还有马克思家庭成员的照片、马克思的英文死亡证书等。

第二层上的第一展室是马克思父母的卧室,马克思就是在卧室后的小套间里出生的。

墙上挂着许多照片、文件、手稿,玻璃展台里陈列着马克思和恩格斯的许多著作和有关的历史资料,其中包括马克思的毕业论文、博士证书等。

第二展室介绍的是马克思和恩格斯从建立友谊到逝世为止的这段时期的情况。第四、五、六室介绍了"马·恩"与同时代革命家们的交往、建立共产主义者同盟、第一国际、各国工人政党和德国社会民主党的历史。在第五展室里陈列着马克思和恩格斯的全身铜像。他们肩并肩地站在一起,深邃的眼神凝视着前方。

故居第三层上第一展室介绍了马克思的共产主义理论,玻璃橱里陈列着《共产党宣言》的各种版本。其中德文版《共产党宣言》目前在世界上只有3本,还有陈望道根据日文版翻译的最早的中文版《共产党宣言》。

第二展室的展橱里陈列着马克思的《资本论》。《资本论》第一卷于1867年在汉堡出版,总共印刷了1000

马克思与恩格斯铜像

本。第三展室收集了马克思许多著作的第一版，"马·恩"赠给友人的书籍，"马·恩"照片原版，手稿，书信，马克思赠给父亲的诗集的手抄本和马克思为燕妮收集的民歌等珍贵文物。

◤ 中国游客的"马克思故居情结"

到德国的中国游客们都有"马克思故居情结"，按德国媒体的话说，中国人颇有些"不到特里尔，不算去过德国"的情怀。

特里尔小城街头商店，时不时可见"欢迎光临"的中文标牌。迎面碰上的市民，会展露亲切的微笑，有的还蹦出生硬的中国话"你好"。

此刻，德国人引以为荣的思想家马克思，长眠在伦敦的海格特公墓，墓碑上，镌刻着恩格斯从马克思的经典中精选的名言："哲学家们只是用不同的方式解释世界，而问题在于改造世界。"

青年马克思却义无反顾地走出特利尔，选择了一条充满荆棘之路，选择了一条为全世界劳苦人民求解放之路。这条路使他一生历尽坎坷，艰辛备尝，饱受贫病交加的折磨。

他把私人财产拿出创办《新莱茵报》宣扬革命，连自己的房产都变卖了；他用自己的生活费购买枪械支持布鲁塞尔正在武装斗争的工人，全家人却遭到比利时当局的逮捕，并被驱逐出境；在伦敦从事革命活动时，一家人穷得揭不开锅，4个孩子先后在贫病交迫中死去，甚至连买棺材下葬的钱都没有。

当年恩格斯在安葬马克思的墓地上曾无比庄严地宣布："马克思的英名和事业将永垂不朽。"这个预见在今天已变成了无可争辩的事实。

故居主人小档案

马克思

卡尔·马克思，全世界无产阶级的伟大导师、科学社会主义的创始人。伟大的政治家、哲学家、经济学家、革命理论家。主要著作有《资本论》《共产党宣言》等。他是无产阶级的精神领袖，是近代共产主义运动的弄潮儿。支持他理论的人被视为马克思主义者。

马克思最广为人知的哲学理论是他对于人类历史进程中阶级斗争的分析。他认为这几千年来，人类发展史上最大矛盾与问题就在于不同阶级的利益掠夺与斗争。依据历史唯物论，马克思大胆假设，资本主义终将被共产主义取代。

17 伏尔泰故居（法国）
——边陲小镇上的诗人之家

法国国旗

1. 他从这里寄出6 000多封信
2. 伏尔泰广场上的青铜雕像
3. 家庭没有书籍如同房间没有窗户
4. 畅谈自由言论的沙龙
5. 伟大朝代的最后一缕宝光

■ 他从这里寄出6 000多封信

伏尔泰出生在巴黎一个富裕的中产阶级家庭，自小受过良好的教育。他父亲是法律公证人，希望他将来做个法官，但他对文学发生兴趣，后来成了一名文人。伏尔泰才思敏捷，一生多才多艺。他的作品以尖刻的语言和讽刺的笔调而闻名。

他说："笑，可以战胜一切。这是最有力的武器。"他曾因辛辣地讽刺封建专制主义而两度被投入巴士底狱。他的书被列为禁书，他本人多次被逐出国门。1725年他被迫流亡英国，对英国资产阶级的政治、文化发生了浓厚的兴趣。

他研究英国的资产阶级君主立宪制，研究洛克的唯物主义经验论和牛顿的万有引力理论。经历了路易十四、路易十五、路易十六三个封建王朝的统治，目睹了封建专制主义由盛转衰，亦亲身感受到了封建专制主义统治的腐朽和反动。他深刻地预见到革命必然到来，他对朋友说："我周围发生的一切事情，正

伏尔泰坐像

在撒下革命的种子，尽管我自己未必成为革命的见证人，但它是必然要到来的。"

伏尔泰故居座落于法国边陲小镇菲尔内，他被誉为"法兰西思想之王"、"法兰西最优秀的诗人"和"欧洲良心"。这位法国杰出启蒙思想家、文学家和哲学家曾在这座小镇度过了他晚年最后的20年。

这位曾经在18世纪叱咤风云、引领法国资产阶级启蒙运动的精神领袖虽已故去230多年，但小镇居民对他敬仰与缅怀之情丝毫未减，伏尔泰故居至今仍是小镇居民最引以为豪的景点和建筑。每年，慕名前来的参观游人络绎不绝。

伏尔泰的论说以讽刺见长，常常抨击基督教会的教条和当时的法国教育制度。

雨果曾评价说："伏尔泰所代表的不是一个人，而是一个世纪。"

他提倡卢梭所倡导的天赋人权，认为人生来就是自由与平等的，一切人都具有追求生存、追求幸福的权利，这种权利是天赋予的，不能被剥夺，这就是天赋人权思想。

城堡坐落在一个偏僻的山坡上，山坡旁边是一大片公墓地，据说伏尔泰挑选这个地方是为了安静，

伏尔泰雕像

更是为了便于读书、写作,维护其独立自由的信仰,被称为法国的思想大王。

伏尔泰于1758—1778年在此生活,并创作了大量作品,包括史诗、抒情诗、随笔、长篇小说、戏剧及一些重要的哲学著作。由于城堡前后有开阔的草坪和树林,在这儿还可上演他写的作品,躲避当时的宗教迫害。在这里,伏尔泰还可接待来自欧洲各地来的朋友,为保持与外界的联系,他写出了约6000封信。

伏尔泰广场上的青铜雕像

在小镇的伏尔泰广场上,矗立着一座惟妙惟肖的伏尔泰青铜雕像。雕像连同底座高约5米,是1890年一位名叫埃米里·拉伯特的人士捐赠给小镇的。

雕像记录着当年伏尔泰在小镇上散步时的情景。有些年迈的伏尔泰左手拄着拐杖,右手将礼帽按捏在胸前,双唇紧合,眼睛凝视着前方,神情自然而安详。雕像下的石座上四面刻有碑文。碑文正面镌刻着"菲尔奈族长——1694—1758—1778",三个时间点分别记载的是伏尔泰出生、迁到小镇和去世的时间。

侧面碑文一边列举着《论各民族的风俗与精神》、《哲学辞典》和《中国孤儿》等伏尔泰的著作。另一面铭刻

伏尔泰故居

着伏尔泰为当地民众修建住宅、学校和医院等造福百姓的功绩。底座背面是雕像捐赠人的名字。

◪ 家庭没有书籍如同房间没有窗户

伏尔泰的书房是故居中最为宽敞明亮的一间,足有五六十平方米,书房由两间组成,一间是书房,是伏尔泰从事创作的地方,另一间是会客室兼餐厅,是伏尔泰会客并宴请客人的地方。

书房内的壁柜中藏有几幅伏尔泰作品的手稿,墙壁布满伏尔泰生前著作里的名句和手稿影印件。书房躺椅后的一侧墙壁上,标有法国大文豪雨果在1878年5月30日伏尔泰百年诞辰上的演说辞——一百年前的今天,一颗巨星陨落了。在他弥留之际,一边有同时代人和后代的欢呼和赞美,另一边有对他怀有深仇大恨的旧时代洋洋得意的嘘叫和仇恨。伏尔泰不仅是一个人,他是一个世纪。

书房最深处是伏尔泰的书桌。书桌仍保留着当年的基本摆设:一支蜡台,几本书籍,一支水笔,几张稿纸。

伏尔泰故居入口

在这里,伏尔泰完成了《哲学辞典》、《老实人》、《天真汉》、《自然规律》等著作和无数针砭时政的小册子。伏尔泰珍贵的藏书、信件发展成为日后的"伏尔泰中心",是俄罗斯国家图书馆的无价之宝。

普希金、托尔斯泰和高尔基等大作家都是拜读这些伏尔泰著作的常客和受益者。现如今,法国人只能扼腕痛惜,望尘莫及。

◪ 畅谈自由言论的沙龙

紧邻客厅的沙龙,是故居昔日最为热闹的场所。18世纪时的法国,沙龙已经成为有着巨大影响的社交场所。社会人士以获准进入沙龙为荣。

参加过无数上流社会沙龙的伏尔泰，自然不会让自己的豪宅缺少这一激荡思想的时尚殿堂。这里的沙龙不受法国当局的约束，没有冒犯权威、惹祸上身的忌讳，只有嬉笑怒骂、自由抒发的畅快。

在他的沙龙里，谈论的话题无所不包，科学、政治、艺术、哲学、诗歌、宗教……即使是不着边际的高谈阔论，大家也可以从中感受到智慧火花的碰撞。这里是充满自由与智慧的俱乐部。

沙龙一侧墙壁上砌有伏尔泰的纪念像，是伏尔泰去世后建成的。伏尔泰在巴黎去世后，这里被布置成纪念堂。小镇居民纷纷前来凭吊哀悼，为他们尊称为"菲尔奈族长"的老人送别和祈祷。

伟大朝代的最后一缕宝光

故居的正对面是一座小教堂。当初平整庄园的院落时，伏尔泰试图在豪宅的正前方开辟出一条宽敞漂亮的大道，但前方的教堂挡住了规划，伏尔泰索性将教堂拆除。在当地天主教会的强烈反对和抗议之下，他不得不在原地重建教堂。

作为抗争，伏尔泰在新建的教堂正面刻上——"伏尔泰为上帝而建"，绕过传教士直接以自己的名字将教堂献给上帝。

他尖刻地抨击天主教会的黑暗统治，把教皇比作"两足禽兽"，把教士称作"文明恶棍"，称天主教是"一些狡猾的人布置的一个最可耻的骗人罗网"。伏尔泰一生坚持他对宗教信仰自由的信念，呼吁不同教条间相互容忍，号召每个人按照自己的方式同宗教狂热作斗争，是一个名副其实的宗教信仰自由的斗士。

雨果说过："伏尔泰生活的84年，处于君主制的极点和大革命黎明时期……他的摇篮可以看作是伟大朝代的最后一缕宝光，他的灵柩是那个地狱般的世界的第一丝微亮。"

伏尔泰

原名弗朗索瓦·马利·阿鲁埃（1694.11.21—1778.05.30），伏尔泰是他的笔名。法国启蒙思想家、文学家、哲学家。伏尔泰是18世纪法国资产阶级启蒙运动的旗手，被誉为"法兰西思想之王"、"法兰西最优秀的诗人"、"欧洲的良心"。

18 毛泽东故居（中国）
——伟大领袖的诞生地

中国国旗

1. 藏风聚集的风水宝地
2. 一座普通的农舍
3. 红色旅游经典景区
4. 韶山毛家缘起
5. 第一个中共支部在这里建立

◤ 藏风聚集的风水宝地

毛泽东的故乡韶山市，位于湖南中部稍东，距长沙市近 100 千米，距湘潭市近 40 千米，距刘少奇故居花明楼仅 30 余千米。韶山河流不多，但多山多树，诸峰并峙，脉脉回环，景色特别险峻的当属韶峰。

这是一个历史悠久的地方，传说早在上古时期舜曾来过这里，而韶山名称的由来就与他有关。舜是一位部落联盟首领，尧把首领位置禅让给他后，他勤勉图治，深得民心。为开拓疆土，征服三苗，把中原文化传入苗地，以造福百姓，舜曾南巡，宿营韶山之际，命侍从奏乐起舞，欢快的乐音，引来周围林中的百鸟鸣唱应和，把百鸟之王凤凰也吸引来了，一时间漫山遍野仙乐飘飘，令人不知天上人间。

伟大领袖毛主席

后来人们把舜的侍从奏出的音乐称为"韶乐"，把舜听音乐的地方称为韶山。"箫韶九成，凤凰来仪"便是说的这个典故。这个传说亦留下了许多景点，如引凤山、引凤亭、韶峰、凤仪亭、凤音桥等等。据考古文物发现证明,早在新石器时代的晚期(距今已有4 000多年),韶山附近已有人类群体部落,并且华夏中原文明和当地的乡土文化已开始融汇,开花结果。

一座普通的农舍

毛泽东故居是一座普通的农舍。

故居为土木结构,泥砖墙,小青瓦,故居前有稻田和池塘,后面是小山,山上长满苍松翠竹。毛泽东少年曾在后山读书、牧牛,在池塘游泳、稻田耕作过。

1966年,毛泽东再次到故乡,住在故居西面4千米处的滴水洞,这是他最后一次回韶山。

红色旅游经典景区

历朝历代以来,韶山一直处于"世外桃源"的状态,幽静中夹杂着寂寞,默默无间里又溢出平静祥和。至清末这种状态开始变化,那就是受曾国藩影响,一批韶山人参加了湘军,从而在韶山鼓荡起一种尚武精神,这种尚武精神改变了韶山的民众心理,进而改变了韶山的社会状况。尚武精神也影响到了毛氏家族及毛泽东

毛泽东故居远景

本人，"枪杆子里面出政权"这句话，当是一个印证。

韶山市是一个很小的城市，仅有10余万人口，但是韶山的名气很大，因为这里是一代伟人的诞生地，是红太阳升起的地方。

韶山毛家缘起

1878年毛泽东的曾祖父毛祖人买下上屋场东边的五间茅草屋，1888年毛泽东的祖父毛恩普携儿子毛顺生、儿媳妇文氏迁居于此。后来毛家几代人历经几十年将故居改建和扩建，到1918年建成现状，但房子建成仅一年多，毛泽东的母亲、父亲相继去世。毛泽东在父母去世后又将弟妹带出去参加革命，故居由当地农民居住。

1949年8月4日，长沙和平解放。政府安排韶山村老党员毛月秋（毛泽东族叔）负责故居管理和接待来访者的工作。1949年10月17日，长沙专区代表团一行45人，在地委委员郭固邦、湘潭县委委员毛华初带领下，到毛泽东故居参观。

那时候毛泽东故居还没有收集文物，门口没有门匾，屋里也没有毛泽东家人的照片，只有大大小小13间半房屋。参观完毕，毛华初对毛月

邓小平亲手书写的"毛泽东同志故居"

秋说："老书记，以后到这里参观的人会越来越多，您看屋前是不是该写个门匾？"毛月秋深以为然。

匾上写什么内容呢？代表团成员和村民讨论起来。有人说写"毛主席的故居"，有人说写"毛泽东的老家"。毛华初沉吟片刻，不好意思地说："我肚子里没有什么墨水，说不好。随军南下到处都见解放了的老百姓举着毛主席的像游行。上面都写着'中国人民伟大的领袖毛主席'，上屋场的门匾就写'中国人民伟大的领袖毛主席的家'，不知行不行？"大家都表示赞同。

没有多久，韶山毛泽东故居第一块门匾"中国人民伟大的领袖毛主席的家"挂了起来。门匾是由"韶山一支笔"毛宇居（毛泽东的老师）书写的。

第一个中共支部在这里建立

故居中共有房屋18间，1893年12月26日毛泽东诞生在这里并在此度过了童年和少年时代，直至1910年的秋天离开这里外出求学。东卧室顶上有天窗，顺楼梯可攀上屋顶。

1925年6月，毛泽东在这里召开了秘密会议，建立了韶山的第一个中共支部。故居前面是一口长满荷花的池塘，叫南岸塘，在附近100米左右的地方，就是毛泽东少年时代读书的私塾——南岸，共有10多间房屋。

故居大门顶端挂着的"毛泽东同志故居"金字红木匾，是邓小平同志1983年4月2日亲笔题写的。

1973年10月，刚刚复出不久的邓小平在结束了陪同加拿大总理访问郑州、桂林等地的工作任务后，取道长沙，决定到仰慕已久的韶山看看。

邓小平访韶给湖南方面出了一个难题。围绕着以什么规格接待这位刚刚复出的副总理，湖南领导人发生了争议。但是，争论双方都有这种感觉：无论用什么规格接待邓小平，都会承担一种风险。他们决定让邓小平乘坐过了时的"吉姆"轿车访韶。

故居里简陋的内饰

故居陈列物品中有许多是原物，卧室中的床、书桌和衣柜，堂屋中的方桌和板凳，厨房中的大水缸和碗柜，农具室中的石磨、水车和大木耙等，都曾留下过毛泽东的印迹。毛泽

韶山毛泽东故居

京，请邓小平题写故居和纪念馆的匾额。邓小平并没有把1973年访问故居时的不愉快事情放在心上，他几易其稿，题写了"毛泽东同志故居"和"韶山毛泽东同志纪念馆"两块匾额。现今，故居和纪念馆用的就是这两块匾。

随后，邓小平非常仔细地参观陈列馆的各个展室。从陈列馆出来，午饭时间已经过了。韶山宾馆准备了一桌以麻辣为主的便宴。杯盏交错间，有的同志觉得邓小平平易近人，便旁敲侧击打听一些风云人物的情况。邓小平听后，脸上顿起乌云，宴席未散就独自离开餐厅，坐在餐厅旁的小休息室抽起烟来。直至饭后韶山的同志前来解释，说陈列馆想修改陈列内容，过去夸大了林彪的作用，去年修改了，不满意，想请他谈谈看法。

邓小平听了解释，脸色有所好转，但仍然不想谈这方面的问题，他只是说："都过去啦，还说什么。"几分钟后，邓小平便对随行人员说了声"走"，就此结束了他的韶山之行。

1983年，韶山管理局派人到北

故居主人小档案

毛泽东

毛泽东（1893.12.26—1976.9.9），字润之，笔名子任。湖南湘潭人。中国革命家、战略家、理论家和诗人，中国共产党、中国人民解放军和中华人民共和国的主要缔造者和领袖，毛泽东思想的主要创立者。从1949年到1976年，毛泽东是中华人民共和国的最高领导人。他对马克思列宁主义的发展、军事理论的贡献以及对共产党的理论贡献被称为毛泽东思想。

毛泽东担任过的主要职务几乎全部称为"主席"，所以被尊称为毛主席。毛泽东被视为现代世界历史中最重要的人物之一，《时代》杂志将他评为20世纪最具影响100人之一。

图说世界著名故居

19 老舍故居（中国）
——典型的老北京四合院

中国国旗

1. 北京老胡同里的闹中取静
2. 充满人文气息的四合小院
3. 齐白石亲自为他刻章
4. 贫苦家庭中成长的人民作家
5. 周恩来总理和溥仪来访

◧ 北京老胡同里的闹中取静

老舍故居在北京市东城区灯市口西街丰富胡同19号。老舍在北京解放前后住过的地方共有10处，其中解放前九处，解放后一处。乃兹府丰盛胡同10号（今灯市口西街丰富胡同19号）是解放后居住的地方，直至辞世，老舍先生在这里住的时间最长，人生成就最辉煌。

老舍的父亲是一名满族的护军，阵亡在八国联军攻打北京城的巷战中。襁褓之中的老舍家曾遭八国联军的意大利军人劫掠，还是婴儿的老舍因为一个倒扣在身上的箱子幸免于难。老舍九岁得宗月大师资助始入私塾。

1913年，考入京师第三中学（现北京三中），数月后因经济困难退学，

老舍

同年考取公费的北京师范学校，于1918年毕业。

他曾任小学校长（北京东城区方家胡同路小学）、中学教员（北京市第

一中学)、大学教授(北京大学、山东大学)、伦敦大学亚非学院讲师,任教5年。

▨ 充满人文气息的四合小院

现老舍纪念馆所在的"老舍故居"是北京市人民政府1987年公布的文物保护单位,也就是老舍先生1950年由美国归国后,自己花钱购买的位于北京市东城区乃兹府丰盛胡同10号的一个普通的四合小院。

作为北京市文物保护单位的"老舍故居",是座普通的北京四合院,纯木结构,整个院落布局紧凑。正门坐西朝东,灰瓦门楼,门扇为黑漆油饰。

进门首先映入眼帘的是座砖砌影壁,中心贴个大红福字做装饰。往里走是个不大的小院,只有两间南房,是为门房;往西还有个狭长小院,是老舍之子舒乙的住房;往北是一座三合院,这是故居的主体部分。进入首先看到的是一座五彩木影壁,院内正房为北房三间,左右各带一间耳房。明间和西次间为客厅,东次间为卧室,西耳房即为老舍的书房。

老舍,字"舍予",老舍是他最常用的笔名,另有絜青、絜予、口青等笔

老舍故居门前

老舍在此处生活了16年

名。因为老舍生于阴历年底,父母为他取名"庆春",含有庆贺新春、前景美好之意。舒庆春上学后,自己更名为舒舍予,"舍予"是"舒"字的分拆:舍,舍弃;予,我。含有"舍弃自我",亦有"忘我"的意思。

"老舍"这一笔名,是他在1926年发表长篇小说《老张的哲学》时首次使用的。在"舍予"前面添"老"字,而后面去掉"予"字,便成了现今人们熟知的"老舍"。这个"老"并不表示年龄大,而是含有一贯、永远的意思,合起来就是一贯、永远"忘我"。他用"老舍"这一笔名发表了大量文学作品,以致不少人只知道他的笔名。

齐白石亲自为他刻章

故居中存放着有几件文物:一枚齐白石为他刻的印章,一只冯玉祥将军赠他的玉石印泥盒,一方清代戏曲理论家李渔的砚台,上刻"笠翁李渔书画砚"。还有老舍生前用过的眼镜、钢笔、墨水瓶、烟灰缸、台灯、收音机和台历等。

客厅中陈列着沙发、条案、硬木雕花圆桌、凳及多宝阁。南面向阳的窗台、茶几上摆着各种盆景、盆花。

西墙上挂着著名国画家赠送的老舍喜爱的字画。东西各有三间厢房，东厢房老舍女儿居住，西厢房是就餐的场所。1954年春天，老舍先生在小院中亲自栽下了两棵柿树。每逢深秋时节，柿树缀满红柿，别有一番诗情画意，为此，他的妻子胡絜青美其名为："丹柿小院"。

◪ 贫苦家庭中成长的人民作家

老舍出身于贫苦市民家庭，幼年丧父，由母亲抚养长大。在大杂院里度过了艰难的幼年和少年时代，这使他从小就深知城市贫民的生活并受到大杂院里传统艺术的熏陶。1906年开始读私塾，后转入新式学堂。

1913年考入北京师范学校，爱好古典诗词，并用文言文练习写诗和散文。1918年以优异成绩毕业，先后任北京第17小学校长、京师学务局北郊劝学所劝学员，天津市南开中学国文教员等职。受到"五四"运动的影响，开始挣脱封建的、世俗的羁绊，同时他开始用白话文写作。

1924年他赴英国，任伦敦大学东方学院中文讲师。此间阅读了大量的文学作品，并激发了他强烈的文学兴趣，开始文学创作。

1926—1929年，他先后在《小说月报》上发表了三部长篇小说：《老张的哲学》、《赵子曰》和《二马》，这些作品富有北京的地方色彩，善于刻画市民生活和心理，显示出讽刺幽默的艺术才能，因而立刻引起了读者的注意。1926年，加入文学研究会。1930年回国，途经新加坡停留了半年。

故居内景

◪ 周恩来总理和溥仪来访

1949年12月9日，老舍应周恩来总理邀请由美国回国抵天津，两天后到北京，受到周总理的接见。1950年4月，老舍购置了东城乃兹府丰盛胡同10号(即今丰富胡同19号)的一所普通的四合院,即今天的老舍纪念馆馆址。

老舍先生在这里生活、工作了16年,曾几次接待周恩来总理和末代皇帝溥仪来访,还接待过巴金、曹禺、赵树理等许多文化名人,并写下了《龙须沟》《茶馆》《方珍珠》《正红旗下》等24部作品。

老舍的死很凄惨。但是在老舍的心看来是到了非死不可地步!

1966年8月23日,红卫兵等革命小将在孔庙焚烧京戏戏装,老舍被从单位拉去陪斗。"在孔庙,父亲受伤最重,头破血流,白衬衫上淌满了鲜血。"舒乙(老舍儿子)写道,"他的头被胡乱地缠上了戏装上的白水袖,血竟浸透而出,样子甚可怕。闻讯赶来的北京市副市长,透过人山人海的包围圈,远远地看见了这场骇人听闻的狂虐。他为自己无力保护这位北京市最知名的作家而暗暗叫苦","父亲使足了最后的微弱的力量,将手中的牌子愤然朝地下扔去,牌子碰到了他面前的红卫兵的身上落到地上。他立即被吞没……是的,被吞没了……"

次日,不堪凌辱的老舍从家中离开,投太平湖自尽,火葬场将他的骨灰遗弃。当时北京市文联出具的证明函称:"我舒舍予自绝于人民,特此证明。"他在选择另一种存在方式的时候选择了走水路。太平湖接纳了这个冤屈的灵魂。离太平湖不远的西南,有个叫葡萄院的地方,是老舍母亲去世时的旧居;再从这里往西北蓟门故里,留着老舍父亲的衣冠冢。这湖水使得这一家人再一次三位一体地存在。在这里,老舍把躯体交付给湖水把性命交还中国文化把信仰收归自己。打捞现场上人们看到很多写过字的纸漂流在湖面上……

老舍墓没有他的骨灰,没有隆起的墓室,墨绿色花岗岩铺地为座,一圈圈白色波澜由此散开,表明他生命的最后栖息地是翠绿的太平湖。

老舍

老舍(1899.2.3—1966.8.24),本名舒庆春,字舍予,北京满族正红旗人,原姓舒舒觉罗氏,中国现代著名小说家、文学家、戏剧家。

文革期间受到迫害,1966年8月24日深夜,老舍含冤自沉于北京西北的太平湖畔,终年67岁。

20 居里夫人故居（波兰）
——这里住着"镭"的母亲

波兰国旗

1. 两次获诺贝尔奖"镭的母亲"
2. 她因为放射患病去世
3. 皇家金质奖章当做女儿的玩具
4. 培养了10多位诺贝尔科学奖获得者
5. 一个匆忙的贫穷妇人

■ 两次获诺贝尔奖"镭"的母亲

玛丽·居里于1867年11月7日出生于波兰。由于沙俄侵略，居里一直对压迫似的教育感到十分厌倦。高中毕业后，曾患了一年的精神疾病。由于是女性的原因，她不能在任何俄罗斯或波兰的大学继续进修，因此她做了几年的家庭教师。玛丽和姐姐都有想去法国留学的梦想，姐姐为了去留学已经存了一部分钱，但这些钱只够在法国学习一年。

玛丽为了完成自己和姐姐的梦想，向姐姐提议。自己先去当家庭教师为她提供上学的资金，而等到姐姐毕业找到工作后，再为她筹备留学的资金。

玛丽为了留学的梦想，整整做了8年的家庭教师。8年没有磨灭的梦

居里夫人

想最终实现了，在姐姐的经济支持下她来到巴黎，并在索邦大学学习数学

和物理学。经过四年的努力后,玛丽于索邦大学取得物理及数学两个硕士学位。在那里,她成为了该校第一名女性讲师。

由于家境贫寒,居里夫人边当私人教师边在华沙工农业博物馆的实验室里从事化学分析工作。就是在这里,她掌握了科学研究的方法。

1891年,她得到赴巴黎求学的机会。在巴黎,正值豆蔻年华的她为了自己钟情的事业心无旁骛,素面朝天,拒绝了各种各样的邀请。一次偶然的机会,她结识了与她有着共同爱好,共同志向的法国物理学家皮埃尔·居里。1895年,他们结为伉俪。

婚后,他们在物理学领域的天赋和真知灼见使他们发现了两种最重要的金属元素——钋和镭。1903年,玛丽和丈夫共同荣获诺贝尔物理奖。

居里夫人故居位于中国驻波兰大使馆500米处,穿过华沙老城广场,眼前出现一组红砖砌就的中世纪碉楼,看上去像一座童话王国,横跨在穿城而过的维斯瓦河上。过了桥有一条名叫弗雷塔的街道,居里夫人的博物馆就位于这条街上。

这是一栋巴洛克式三层公寓楼,墙体是咖啡色和粉色相间,二楼的中间有一个小阳台,里面就是居里夫人博物馆。里面陈列着居里夫人的简介及部分生活工作用品,还兼卖与她有关的明信片等商品,很简陋,原来的老房子在二战时已夷为平地,现在的房子是二战后新盖的。

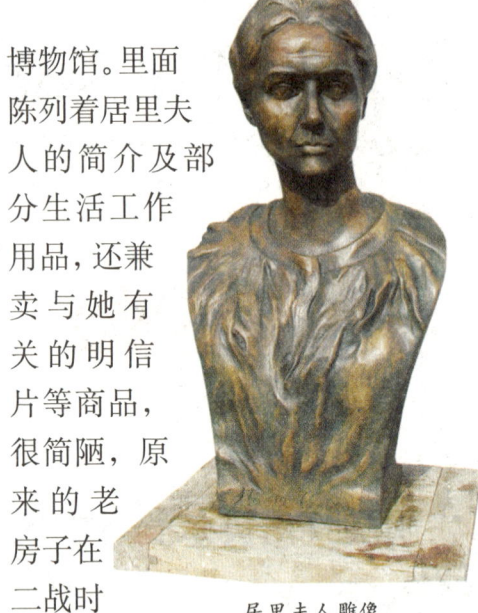

居里夫人雕像

她因为放射患病去世

在研究镭的过程中,她和她的丈夫用了3年零9个月才从成吨的矿渣中提炼出0.1克的镭。天有不测风云,就在他们结婚第十一个年头的时候,皮埃尔·居里死于一场车祸。玛丽把切肤的悲痛深深地埋藏在心底,毅然决然地继承了丈夫生前的职位——物理部的领头人。1911年,居里夫人获得诺贝尔化学奖。第二年,她在巴黎建立了一所镭实验室,在这里一直工作到她去世。

玛丽·居里不仅是个成就显赫、事业辉煌的物理学家,还是一个有良知的维护和平志士。在第一次世界大战期间,由她负责成立了一支机动透视队,到前线进行战地服务。她亲临火线,亲自为受伤的士兵做检查,同时还肩负着训练透视助手的任务。

1934年她因白血病逝世。直到死后40年,在她用过的笔记本里还有射线在不断释放。

皇家金质奖章当做女儿的玩具

居里夫人闻名天下,但她既不求名也不求利。她一生获得各种10项奖金,各种16种奖章,107个名誉头衔,但她却毫不在意。

有一天,她的一位朋友来她家做客,忽然看见她的小女儿正在玩英国皇家学会刚刚颁发给她的金质奖章,于是惊讶地说:"夫人呀,得到一枚英国皇家学会的奖章,是极高的荣誉,你怎么能给孩子玩呢?"居里夫人笑了笑说:"我是想让孩子从小就知道,荣誉就像玩具,只能玩玩而已,绝不能看得太重,否则就将一事无成。"

居里夫人故居

图说世界著名故居

故居实验室

在镭提炼成功以后,有人劝他们向政府申请专利权,垄断镭的制造以此发大财。居里夫人对此说:"那是违背科学精神的,科学家的研究成果应该公开发表,别人要研制,不应受到任何限制。何况镭是对病人有好处的,我们不应当借此来谋利"。居里夫妇还把得到的诺贝尔奖金,大量地赠送别人。

居里夫人有两个女儿。"把握智力发展的年龄优势"是居里夫人开发孩子智力的重要"诀窍"。在女儿不足周岁的时候,居里夫人就引导孩子进行幼儿智力体操训练,让孩子广泛接触陌生人,去动物园观赏动物,教孩子学游泳,欣赏大自然的美景。

孩子稍大一些,她就教她们做一种带艺术色彩的智力体操,教她们唱儿歌、讲童话。再大一些,就让孩子进行智力训练,教她们识字、弹琴、搞手工制作等等,还教她们开车、骑马。

培养了10多位诺贝尔科学奖获得者

居里夫人和朋友们商量——这些朋友们都和她一样,是索尔本的教授;都和她一样,也是家长。

在居里夫人的鼓动下,产生了一个教育合作计划——一些有大才大智的学者把他们的儿女聚在一起,实施新教育方法。居里夫人对人类教育界的极大贡献在于:她联合一大批科学家(许多是诺贝尔科学奖获得者)组成科学讲师团,向孩子们开放他们的实验室。

她亲自对他们的孩子们进行科学启蒙教育,激发孩子们的科学兴趣,破除孩子们对科学的神秘感,培养孩子们的科学兴趣,鼓励孩子们树立远大的科学理想,坚定孩子们的科学意志,传授孩子们科学方法、科学思维、实验诀窍,使孩子们在少年时代形成极高的智力潜力,使孩子们天生的天才遗传智力得以开发。居里夫人最终培养出了10多位诺贝尔科学奖获得者。

一个匆忙的贫穷妇人

1895年,居里夫人和皮埃尔·居里结婚时,新房里只有两把椅子,正好两人各一把。皮埃尔·居里觉得椅子太少,建议多添几把,以免客人来了没地方坐,居里夫人却说:"有椅子是好的,可是,客人坐下来就不走啦。为了多一点时间搞研究,还是算了吧!"居里夫人的年薪虽然已增至4万法郎,但她照样"大方"。

她每次从国外回来,总要带回一些宴会上的菜单,因为这些菜单都是很厚很好的纸片,在背面写字很方便。难怪有人说居里夫人一直到死都"像一个匆忙的贫穷妇人"。

一次,一位美国记者寻访居里夫人,他走到村子里一座渔家房舍门前,向一位赤足坐在房前石板上的妇女打听居里夫人的住处,当这位妇女抬起头时,记者大吃一惊:原来她就是居里夫人。

玛丽·居里夫人为人类的科学事业做出了极为卓越的划时代的贡献,她打开了人类进入核时代的大门。她一生所获得的荣誉和奖章超过历史上任何一位科学家。但她却是一位轻视荣誉、淡泊声名、安之若素的人。

故居主人小档案

居里夫人

玛丽·居里(1867.11.7—1934.7.4):世界著名科学家,研究放射性现象,发现镭和钋两种天然放射性元素,一生两度获诺贝尔奖(第一次获得诺贝尔物理奖,第二次获得诺贝尔化学奖)。在研究镭的过程中,作为杰出科学家,居里夫人有一般科学家所没有的社会影响。尤其因为是成功女性的先驱,她的典范激励了很多人。

图说世界著名故居

21 绍兴鲁迅故里（中国）
——从百草园到三味书屋

中国国旗

1. 绍兴的"镇城之宝"
2. 中国文化革命的主将
3. 从百草园到三味书屋
4. 课桌上的那个"早"字
5. 紧邻鲁迅文化广场

■ 绍兴的"镇城之宝"

绍兴鲁迅故里是伟大的思想家、文学家、革命家鲁迅先生早年成长、生活的故土，是市区保存最完好、最具文化内涵和水乡古城经典风貌的历史街区，占地50公顷，总投资10亿元。

经过2年多时间保护和修缮后，鲁迅故里不仅再现了鲁迅当年生活的故居、祖居、三味书屋、百草园的原貌，还可看到鲁迅祖居从未对外开放的西厢房和近期恢复的周家新台门、寿家台门、土谷祠、鲁迅笔下风情园等一批与鲁迅有关的古宅古迹。

位于浙江省绍兴市市区鲁迅中路上的鲁迅故里，是一条独具江南风情的历史街区，是原汁原味解读鲁迅作品，品味鲁迅笔下风物，感受鲁迅当年生活情境的真实场所。

鲁迅像

一条窄窄的青石板路两边，一溜儿粉墙黛瓦，竹丝台门，鲁迅祖居（周家老台门），鲁迅故居（周家新台门），百草园，三味书屋，寿家台门，土谷祠，鲁迅笔下风情园，咸亨酒店穿插其间。一条小河从鲁迅故居门前流过，乌篷船在河上晃晃悠悠，此情此景不能不让人想起鲁迅作品中的一些场景。

精心保护和恢复后的鲁迅故里已成为立体解读中国近代大文豪鲁迅的场所，成为浙江绍兴的"镇城之宝"。

中国文化革命的主将

绍兴鲁迅故居，位于浙江省绍兴市内东昌坊口新台门内。约建于1810—1813年，原为鲁迅家早年的住处。中华人民共和国建立，经修缮，成立鲁迅纪念馆。1988年国务院公布为全国重点文物保护单位。1881年9月25日鲁迅就出生在这里，一直生活到18岁去南京求学，以后回故乡任教也基本上居住此地，卒于1936年

鲁迅是中国文化革命的主将，是近代中国最伟大的文化家、思想家和革命家。在纪念馆西侧是鲁迅故居，纪念馆东侧是三味书屋、鲁迅曾在这里学习了5年。

现鲁迅故居临街的两扇黑漆石库门系原新台门的边门，由鲁迅一家于1913年前后经过修缮独家进出。

新台门坐北朝南共六进，有80余间房子，连后园即百草园在内占地4000平方米，是老台门八世祖周熊

鲁迅祖居

占在清朝嘉庆年间购地兴建的。

鲁迅曾高祖一房移居新台门,世系绵延,至1918年,周氏房族衰落,才经族人共议把这座屋宇连同屋后的百草园卖给了东邻朱姓。屋宇易主后,原屋大部分拆除重建,但鲁迅家基本被保存了下来。

从百草园到三味书屋

百草园在鲁迅故居的后面,占地近2 000平方米,原来是新台门周姓10来户人家共有的一个菜园,平时种一些瓜菜,秋后用来晒谷。这是鲁迅童年时代的乐园,常来玩耍嬉戏,品尝紫红的桑椹和酸甜的覆盆子,在矮矮的泥墙根一带捉蟋蟀、拔何首乌,夏天在园内纳凉,冬日在雪地上捕鸟雀。

这些童年趣事,在鲁迅的心里留下深刻而又美好的印象,一直到晚年还引起他亲切的怀念。百草园连同周家新台门的房产易主之后,园地的南北两端虽已改变了面貌,而它的主要部分仍基本上保持原样。

鲁迅说:"我家的后面有一个很大的园,相传叫作百草园……其中似乎确凿只有一些野草;但那时却是我的乐园……不必说碧绿的菜畦,光滑的石井栏,高大的皂荚树,紫红的桑椹……单是周围的短短的泥墙根一

绍兴鲁迅故里

带，就有无限趣味。"现大部分园地保持原貌。"短短的泥墙根"则为原物。

1898年，17岁的鲁迅离开家乡的三味书屋，进入金陵的新式学堂江南水师学堂，并改名为周树人。1899年转入江南陆师学堂附设的矿路铁路学堂，与陈衡恪结交，1901年毕业，颇受进化论思想影响，爱读新思想的书，尤其是翻译的小说。

鲁迅与周作人、郭沫若、郁达夫等著名作家都为留学日本派。1902年2月，21岁的鲁迅赴日本，先入东京弘文学院学习日语，两年后进入仙台医学专门学校（1912年改制东北大学医学部）学习现代医学。

鲁迅选择学习现代医学，是因为父亲的病故造成他对中医产生了严重的怀疑。他是东北大学的第一位外国留学生，也是当时仙台唯一的中国留学生。在仙台给鲁迅影响最大的是解剖学老师藤野严九郎。

鲁迅后来作有《藤野先生》，对这篇作品也非常重视。1935年日本岩波书店要出《鲁迅选集》日语译，他要求执行选集编译工作的自己的学

三味书屋

生增田涉："我看要放进去的，一篇也没有了。只有《藤野先生》一文，请译出补进去。"鲁迅身后，藤野也发表《谨忆周树人君》一文回忆鲁迅留学生活。

课桌上的那个"早"字

新建的鲁迅纪念馆是一座典型的封建士大夫住宅。鲁迅祖父周福清在同治年间被钦点为翰林，这对周家来说是莫大的荣耀，因此，周氏家

族的三个台门的仪门上都挂上了翰林匾,它仿佛是三张巨大的名片,展示着主人的身份。

匾额的两旁各有一行泥金小楷:"巡抚浙江等处地方提督军务节制水陆各镇兼管两浙盐政杨昌浚为"和"钦点翰林院庶吉士周福清立"。

一直以来,周家老台门为周氏族人居住,保存完好。建国后,老台门被国家收购,拨款加以修葺。先后曾为绍兴图书馆、民俗博物馆和文物管理处所用。现在老台门又恢复了旧日样貌,里面的陈列是以周家老台门的建筑格局为基础,周家鼎盛时期的面貌为背景,融合其他大户人家有代表性的生活场面作实景布置,向游客充分展示了清代绍兴大户人家的生活场景。

鲁迅使用的是一张两抽屉的硬木书桌,桌面右边有一个一寸见方的"早"字,是鲁迅当年刻下的。一次,鲁迅因故迟到,受到塾师的严厉批评,于是就刻下了这个"早"字,用以自勉。

◪ 紧邻鲁迅文化广场

鲁迅文化广场位于咸亨酒店西面的鲁迅路口,广场西傍府河,背枕咸欢河,南对应天塔。由于占地面积不大,因此广场采用了下沉式的设计,将一部分地基下沉,然后

鲁迅雕像

采取阶梯式逐步上升的形式,使广场狭小的平面给人以一种有层次的、变化多端的、立体式的感觉。

广场上台阶层层叠叠,红花绿叶相间,草木葱茏。整个广场的路面铺着青石板,突出了绍兴的传统风貌。

鲁迅铜像矗立于鲁迅文化广场的北部,面对着鲁迅路。背面一排碧绿的香樟树,构成一道天然的屏障,更加衬托出铜像的高大与庄重。

鲁迅铜像高3.18米,重达2.5吨,系用黄铜铸造。铜像中的鲁迅面容和蔼可亲,仪态从容安详,形象真实生动,内涵丰富。

透过形象可以明显地感受到鲁迅睿智的思想、坚定的信念和坚韧不拔的毅力。铜像基座高1.6米,是采用黄色夹红色斑点、带棱角的毛面花岗石砌成,以象征鲁迅先生坚强不屈的性格。

故居主人小档案

鲁迅

浙江绍兴人,字豫才,原名周樟寿,1898年改为周树人,字豫山、豫亭。以笔名鲁迅闻名于世。鲁迅的作品包括杂文、短篇小说、评论、散文、翻译作品。对于"五四运动"以后的中国文学产生了深刻的影响。毛泽东主席评价他是伟大的无产阶级的文学家、思想家、革命家,是中国文化革命的主将,也被人民称为"民族魂"。

绍兴鲁迅纪念馆

22 邓小平故居（中国）
——永远瞻仰的"邓家院子"

中国国旗

1. "我是中国人民的儿子"
2. 改革开放和现代化建设的总设计师
3. 全国爱国主义教育示范基地
4. 伟人故里的秀美河山
5.中国红色旅游地

"我是中国人民的儿子"

邓小平是中国共产党第二代领导核心，马克思主义者，无产阶级革命家、政治家、军事家、外交家，同时也是中国人民解放军、中华人民共和国的主要领导人之一。

1904年8月22日，邓小平同志诞生在四川省广安县协兴镇牌坊村的一座普通农家三合院里。邓家老院子是一座坐东朝西的传统农家三合院。占地800余平方米，大小房屋17间，穿木斗平房，青瓦粉壁，古朴典雅。建筑具有典型的川东民居特色，充满浓郁的蜀乡风情。

庭院绿树成荫，翠竹掩映。院前梯田层层，夏日荷叶青青，稻花飘香。邓小平祖上三代人都居住在这里。

邓小平故里旅游区包括绿色长廊、邓小平纪念园、佛手山景区、协兴老街、牌坊新村，总面积3.19平方千米。景区建成了以邓小平同志故居为核心，占地55.34公顷的生态纪念园。

整个园区郁郁葱葱、井然有序形成了一座令人仰慕的"天然纪念馆"。

邓小平

以"我是中国人民的儿子"为主题,形象生动地展现了邓小平同志为中国革命、建设和改革开放事业不懈奋斗的光辉一生。

◪ 改革开放和现代化建设的总设计师

邓小平早年赴欧洲勤工俭学,并成为中国共产党党员开始革命生涯。归国后,他全身心地投入党领导的争取民族独立和人民解放的革命斗争。

从土地革命、抗日战争到解放战争,先后担任党和军队的许多重要领导职务,为党中央一系列重大战略决策的实施,为新民主主义革命的胜利和新中国的诞生,建立了赫赫功勋。

新中国成立后,邓小平领导了西南全区的政权建设、社会改造和经济恢复,不久就参加中央领导工作,先后担任中共中央秘书长、中共中央政治局委员。

在党的八届一中全会上,他当选为中共中央政治局常务委员会委员、中共中央总书记,成为以毛泽东为核心的党的第一代中央领导集体的重要成员,为党的建设的加强和改进,作出了重大贡献。

"文化大革命"中,邓小平受到错误批判和斗争,被剥夺一切职务。他于1973年复出,1975年担任中共中

邓小平故里

央副主席、中华人民共和国国务院副总理、中国共产党中央军事委员会副主席、中国人民解放军总参谋长，主持党、国家和军队的日常工作。

邓小平是中国社会主义改革开放和现代化建设的总设计师，创立了邓小平理论。他所倡导的"改革开放"及"一国两制"政策理念，改变了20世纪后期的中国，也影响了世界，因此在1978年和1985年，曾两次当选《时代》周刊"年度风云人物"。

全国爱国主义教育示范基地

1989年11月在中共十三届五中全会上，他辞去了最后担任的中央军委主席职务。在以他为核心的第二代中央领导集体向以江泽民为核心的第三代中央领导集体顺利过渡、保持党和国家稳定的过程中，他起了关键的作用。

退休以后，他仍然关心党和国家的事业。1992年视察中国南方的武昌、深圳、珠海、上海等地，发表重要谈话，总结改革开放以来的基本经验，从理论上回答了一些重大问题，中国的改革开放和现代化建设进入了一个新阶段。

1997年，邓小平同志故居被中宣部公布为全国爱国主义教育示范

邓小平故居

基地。2004年8月，成立邓小平纪念馆；同年12月，更名为邓小平故里管理局，负责管理和保护邓小平故里纪念园区和佛手山风景区。

邓小平故里现有全国重点文物保护单位6处，以及民俗民风等自然景观多处。园内按文物维修原则修缮了邓小平故居、蚕房院子、翰林院子、德政坊、神道碑、放牛坪、清水塘、邓家老井、洗砚池、邓绍昌墓等近20处邓小平同志青少年时期的活动场所；经中共中央批准，修建了邓小平铜像广场和邓小平故居陈列馆。

邓小平同志故居粉墙黛瓦，木柱石基，庭前荷稻飘香，屋后竹影婆娑，是一座具有浓郁川东风情的农家三合院，当地老百姓亲切地称之为"邓家老院子"。

邓小平故居内景

◪ 伟人故里的秀美河山

邓小平故里风景秀丽，有被郭沫若誉为"天下第一雄山"的国家级森林公园，省级风景名胜区华蓥山雄伟壮丽，地质博物馆高登山石林，川东第一洞仙鹤洞等景区(点)星罗棋布，人文气息也十分浓厚，双枪老太婆、许云峰等红岩英烈的战斗遗址比比皆是。

蜀中第一军事要塞"宝箴塞"、明清古镇肖溪、嘉陵江第二大回民聚居地沿口、豆腐王国顾县等古镇建筑保存完好，风韵犹存；天造地设、举世无双连环太极湖，烟波浩渺、神奇迷幻秀观湖，川东西子湖"翠湖"、千岛之湖"大洪湖"，山清水秀，苍翠欲滴，令人赏心悦目。

◪ 中国红色旅游地

邓家老院子大门上方悬挂着江泽民1998年2月亲笔题写的"邓小平同志故居"的匾额。正堂屋是当年邓家接待客人的地方，正堂左边居室是小平祖母戴氏的住房，右边是小平父母的居室，挨近父母居室的是弟弟邓垦、邓先治的住房。

室内分别存放着红色柏木雕花床和简单的衣柜桌凳。北转角是邓家饭厅，存放着一张普通的方桌和凳子，当年邓家十几口人在这里用餐，饭厅后侧是厨房和猪牛圈。

东南转角处是邓家的作坊屋，很宽大，一分为二，一半是粉坊，一半为酒坊。粉坊内至今还存放着一副石磨。南北厢房造型格局基本相同。南厢房一共三间，两边是客厅，中间是过厅。北厢房一共五间，紧挨饭厅的那间房屋是小平当年的起居之所，约20平方米，里面存放着小平当年降生的雕花木床及衣柜，靠窗户边摆着十分普通而又不同寻常的一张桌子和凳子，桌面上小平当年读书习文用过的油灯和纸、笔、砚至今尚存。

其余四间分别为横堂屋，是姐姐邓先烈，妹妹邓先芙、邓先群的住房和堆放农具的地方。邓小平虽然在故居生活只有短短的15个春秋，但养育之地却令伟人终身难忘，后来他一再嘱托"一定要把广安建设好"。

2004年8月13日，在邓小平同志诞辰100周年前夕，中共中央总书记、国家主席胡锦涛为邓小平铜像揭幕，并参观了新落成的邓小平故居陈列馆。

邓小平故居陈列馆建筑面积3 800平方米，采用川东民居特色和现代化建筑风格相结合的设计理念，寓意小平同志独特的人格魅力和波澜壮阔的人生经历；馆内运用国际博物馆展示的成功理念和现代化的高科技展示手段，以大量的实物、图片、文献、多媒体以及世界首创的三机联映数字电影，全方位，多角度地再现了邓小平同志伟大而传奇的一生。

邓小平

邓小平（1904—1997）伟大的马克思主义者，无产阶级革命家、政治家、军事家、外交家，中国共产党、中国人民解放军、中华人民共和国的主要领导人之一，中国社会主义改革开放和现代化建设的总设计师，邓小平理论的创立者。

他所倡导的"改革开放"及"一国两制"政策理念，改变了20世纪后期的中国，也影响了世界，因此在1978年和1985年，曾两次当选《时代》周刊"年度风云人物"。

23 简·奥斯汀故居（英国）
——女作家的"文学宝库"

英国国旗

1. 宁静环境造就了高产效率
2. 声响之门和秘密写作
3. 为爱情终生未婚
4. 可与莎士比亚平起平坐
5. 英国摄政时期最敏锐的观察家

◪ 宁静环境造就了高产效率

简·奥斯汀的小说蜚声世界文坛，在18世纪—19世纪英国小说的发展史上，起着承上启下的重要作用。她的作品中关于年轻女性婚姻和爱情的别具一格的描写给人留下最深刻的印象。尽管没有财产的妇女的社会出路问题是英国小说中的"老生常谈"，但奥斯汀在其小说中对这一主题却旧题新写，作了独特的喜剧性处理。

在名著《傲慢与偏见》里，她曾用戏谑的口吻说班奈特太太的"毕生大志"就是把5个女儿都嫁出去。这部小说著名的第一章描写班奈特太太一听说有个阔少定居在附近，就盘算着如何把一个女儿打发给他。不管是哪一个，任他挑选。这段鞭辟入

简·奥斯汀

里的刻画，便是奥斯汀喜剧风格的典范。

简·奥斯汀故居坐落在汉普郡阿尔顿西南一英里处的查乌顿村，离

奥斯汀的出生地汉普郡史蒂文顿村仅 10 英里之遥。这房舍一面临路，三面花园环抱，芳草萋萋，绿树成荫。据说，路旁的古栎树是奥斯汀当年亲手栽种的。

临大路一面墙上悬挂着一块木牌，上面写着："简·奥斯汀故居"。如今这里已成为简·奥斯汀博物馆，常年对公众开放。如今这里已成为简·奥斯汀博物馆，常年对公众开放。

故居的感觉是宁静而典雅，与主人文静的性格合拍，奥斯汀也称赞这里是她创作的"伟大的宝库"。居室内朴素和谐，有木质地板和一些小摆设，墙上有色彩明朗的名画。

步入故居，第一个强烈的感觉是宁静而典雅，正与主人文静的性格合拍。的确，她令人钦佩的创作效率，正是得益于居室内朴素和谐的环境：坚实的木质地板，一些小摆设都放在恰当的位置，墙纸花纹简练而协调，墙上的名画色彩明朗、人头像栩栩如生，仿佛在呼唤着作家的灵感。

声响之门和秘密写作

简·奥斯汀没有上过正规学校，在父母指导下阅读了大量文学作品。从 1809 年 7 月起她在操持家务之余偷偷进行写作。

简·奥斯故居

从故居窗口向外看

在七年半的时间里写成了6部小说——《理智和情感》、《傲慢与偏见》、《曼斯菲尔德花园》、《爱玛》、《诺桑觉寺》和《劝导》。后两部小说还来不及出版,奥斯汀因染上结核病而逝世。奥斯汀的哥哥亨利在她死后主持了《诺桑觉寺》和《劝导》的出版,并公布了她的真名和身份。

这所房舍有一扇著名的能发出"声响之门",其响声能使奥斯汀事先知道"有人来了",以便悄悄地收起她正在写作的纸笔。

博物馆里还展示着奥斯汀许多作品的手稿和亲笔信,以及她当年写作用的据说是来自中国的桌子。这张桌子酷似一台缝纫机,遇有人来,纸笔放进桌内,桌面一盖便"天衣无缝"。

它与"声响之门"默契配合,为奥斯汀"偷偷地写作"服务。遗憾的是,门在后来重新安装时方法不对,现在已经不能发出声响了。但它却不失为一个提示物,即奥斯汀那些知名的小说是在半秘密状态下写成的,也只有奥斯汀才知道在当时的社会条件下她写作的艰难和多少不为人知的情感。

奥斯汀的辛劳创作并未给她带来多少酬劳。她一生节俭,在41岁辞世时,仅留下561.7英镑的积蓄。

为爱情终生未婚

奥斯汀出生于一个乡村牧师家庭,父亲能即兴赋诗。奥斯汀从小在家阅读父亲收藏的古典文学书籍和流行小说,并练习各种文体的写作。

14岁时,她就写成了她的处女作《爱情和友谊》。1801年夏,与奥斯汀热恋中的男友不幸去世,使她深陷痛苦之中。

翌年,她曾接受一个大地产主的

简·奥斯故居入口

求婚,但第二天早晨又改变了主意。因为奥斯汀意识到:单纯为了财产和地位而结婚是错误的;何况,自己根本不爱他,怎能共同生活?结果,她终生未婚。

可与莎士比亚平起平坐

由于居住在乡村小镇,接触到的是中小地主、牧师等人。简·奥斯汀物以及他们恬静、舒适的生活环境,因此她的作品里没有重大的社会矛盾。她以女性特有的细致入微的观察力,真实地描绘了她周围世界的小天地,尤其是绅士淑女间的婚姻和爱情风波。她的作品格调轻松诙谐,富有喜剧性冲突,深受读者欢迎。

从18世纪末到19世纪初,庸俗无聊的"感伤小说"和"哥特小说"充斥英国文坛,而奥斯汀的小说破旧立新,一反常规地展现了当时尚未受到资本主义工业革命冲击的英国乡村中产阶级的日常生活和田园风光。

她的作品往往通过喜剧性的场面嘲讽人们的愚蠢、自私、势利和盲目自信等可鄙可笑的弱点。

奥斯汀的小说出现在19世纪初叶,一扫风行一时的假浪漫主义潮流,继承和发展了英国18世纪优秀的现实主义传统,为19世纪现实主义小说的高潮做了准备。虽然其作品反映的广度和深度有限,但她的作品如"两寸牙雕"。从一个小窗口中窥视到整个社会形态和人情世故,对改变当时小说创作中的庸俗风气起了好的作用,在英国小说的发展史上有承上启下的意义,被誉为地位"可与莎士比亚平起平坐"的作家。

英国摄政时期最敏锐的观察家

奥斯汀的小说尽管也继承了18世纪小说中流行的关于少女走向生活的主题,但她的作品却有自己独特的风格,即侧重于探索少女成长中丢掉幻想错觉、认识现实、自我发现的过程。从这个角度看,她的小说中的女主人公大都是从盲目性走向自我认识的典型。奥斯汀本人则成了公认的描写妇女意识的卓越的作家。

奥斯汀的可贵之处还在于,她是英国第一个现实地描绘日常平凡生活中的平凡人物的小说家。她的作品艺术地再现了18世纪—19世纪之交的社会关系和人情世态。

她在自己狭窄有限的生活圈子里,以女性的敏感观察着、酝酿着,被英国著名作家司各特称誉为"英国摄政时期最敏锐的观察家"。

她着力于人物性格的细腻刻画以及女主角与社会之间的紧张关系的分析,使其小说摆脱了18世纪的传统而接近于现代生活。正是这种现代性,加之她的机智和风趣,她的现实主义和同情心,她优雅的散文笔法、巧妙曲折的故事结构和细节,使其小说一反夸张戏剧性浪漫小说的潮流,而开朴素现实主义小说之先风,对读者具有磁铁般的吸引力。

可以说,她有善于在狭窄有限的场景中揭示生活的悲喜剧的高超技巧;她严肃地分析了当时社会和文化的性质和格调,忠实地记录了旧社会向现代社会的转变,从某些侧面深刻地反映了整个社会的发展与变化,从而于平凡中揭示了不平凡。

简·奥斯汀

简·奥斯汀(1775.12.16—1817.7.18)英国著名女性小说家,她的作品主要关注乡绅家庭女性的婚姻和生活,以女性特有的细致入微的观察力和活泼风趣的文字真实地描绘了她周围世界的小天地。

图说世界著名故居

24 诺贝尔故居（瑞典）
——全世界最伟大的"颁奖人"

瑞典国旗

1. 在这里他度过最后的时光
2. 他是欧洲最富有的流浪汉
3. "我更关心生者的肚皮"
4. 故居已成为游览胜地
5. 一生未婚的伟大科学家

◣ 在这里他度过最后的时光

诺贝尔故居坐落在瑞典中部卡尔斯库加市的白桦山庄，离斯德哥尔摩200多千米。这是一座乳白色的二层楼房，楼房前的绿草坪和四周的白桦林交相辉映，环境清幽。

1894年，阿尔费雷德·诺贝尔结束了海外漂泊生涯回到祖国定居，在这里度过了他生命最后两年中的大部分时光。由于他当年在斯德哥尔摩出生的旧居如今已经矗立起高楼大厦，白桦山庄就成了今天惟一保存完整的诺贝尔故居。

◣ 他是欧洲最富有的流浪汉

诺贝尔1833年生于斯德哥尔摩，1896年去世后，葬于斯德哥尔

诺贝尔奖章上的诺贝尔头像

摩。但在瑞典首都，找不到这位名人故居。朋友告我：诺贝尔从小奔走在外，漂泊异国他乡，是"欧洲最富有的流浪汉"，只是到了晚年，才回国定居。

他定居在卡斯古卡小城，小城半是海水，半是密林，美丽而幽静。诺贝尔看中的，却是这里一座布佛什兵

工厂。一张老照片为证,那其实只能算一个铁匠作坊:一座破旧大棚,10几个腰围大围裙的男女工人,能造出什么军火来?

1894年,诺贝尔将它买下,建起真正大厂房和试验室,将他的专利发明逐步投入生产。其时,他拥有炸药及军工发明专利达355项。

诺贝尔试验室和瑞典现代兵器展览馆,都是故居的一部分。当年诺贝尔建设的军工厂大厂房,现在都作了展览厅。那昂首云天的长身大炮,炮弹有半米长,一分钟数百发的高射机枪,都令人惊叹。一堵墙立在露天,是一块巨大钢板,三分之一米厚,中间5个大洞,前面凹下,背后撕裂喷开,是炮弹射穿的。诺贝尔是瑞典现代军事工业奠基人之一。

"我更关心生者的肚皮"

诺贝尔一生勤奋工作,刻苦钻研,发明成果累累,是全世界一位罕见的智慧巨擘。然而,这位科学伟人的日常生活并不奢华,简朴的生活和卓越的贡献形成鲜明的对照。

诺贝尔一生爱好文学,也酷爱诗歌,除此之外,他将全部精力投入科研事业中。在展览馆的诺贝尔卧室中,人们看到的是简单而朴素的陈设,只有床、桌和衣柜等几件不可少的家具。诺贝尔半毕生精力和宝贵的财富都用于造福人类。

他说:"我的家就是我工作的场所,而我则到处工作。"诺贝尔不仅以发明了硝化甘油引爆剂、雷管、硝化甘油固体炸药而荣获"炸药大王"的

诺贝尔

美名，而且对光电学、枪炮学、机械学、生物学和生理学都有一定的造诣，一生共取得355项技术发明专利。

1896年12月10日，诺贝尔在意大利的圣雷莫与世长辞，终年63岁。他在遗嘱中，决定将折合920万美元的部分遗产建立一项基金，将其利息分为5份，分别奖给世界上每年在物理、化学、医学、文学及和平事业上"为人类利益做出更大贡献的人"。每年在诺贝尔的逝世日颁发一次，世称诺贝尔奖金。这也是诺贝尔值得人们纪念的可贵之处。

诺贝尔一生未婚，没有子女。一生的大部分时间忍受着疾病的折磨。他生前有两句名言："我更关心生者的肚皮，而不是以纪念碑的形式对死者的缅怀。我看不出我应得到任何荣誉，我对此也没有兴趣"。

诺贝尔对文学有长期的爱好，在青年时代曾用英文写过一些诗。后人还在他的遗稿中发现他写的一部小说的开端。鲜为人知的是诺贝尔同时也是一位剧作家，但是一直到他垂危的时候，他唯一的一部剧作才得以复印。可惜的是，他的作品被认为是"诽谤滋事、亵渎神明"，一待诺贝尔过世就几乎全都被销毁了，只有区

故居绿荫环抱

诺贝尔故居内景

区三份得以幸存。一直到2003年,首部幸存版才在瑞典出版。

故居已成为游览胜地

现在,世界各地的许多著名科学家每年都要汇聚到这里,在这里举行诺贝尔学术讨论会,共同探讨各门科学的新课题和诺贝尔"造福于人类"的学术思想。

当年诺贝尔买下的只有数百人、设备、陈旧、濒临倒闭的波福斯军工厂也重新获得了生机,今天,波福斯工厂已发展成为一个拥有近两万人的大型现代化联合企业。它既是瑞典最大的军工厂,也是利用其先进技术和设备不断扩大民用产品生产的工厂,民用生产占该厂总销售额的一半以上。而白桦山庄更成为著名的游览胜地和诺贝尔学术活动的中心。

一生未婚的伟大科学家

走进诺贝尔的故居,迎门是宽大的橡木楼梯,两边是会客室、工作室、大餐厅,所有的家具插着蜡烛的水晶吊灯,摆着鲜花的高台矮几、墙上的大幅人像油画以及那座嵌金饰铜高大白瓷壁炉,都显得高雅和华贵。

二楼楼梯口转弯,是一排雕镂精致的大书柜,插满厚重的大书。大办公室正中,摆一张硕大红木办公桌,桌上翻开着一本足有三十多厘米长、十五六厘米厚的大记事簿,密麻麻写满字迹,画着图形和表格。一支普通蘸水笔横在旁边,这是诺贝尔生前用过的水笔。

卧室则显得太小,只摆着一张素净木质单人床,床旁一把椅子。床上被褥不整,椅背上搭着件睡衣。诺贝尔这位"科学造福于人类"的大科学家,其爱情生活是不幸的。

各种诺贝尔奖

诺贝尔一生的三次罗曼史都无结果。第一位女子未婚早逝,第二位未成妻子倒成了诺贝尔和平奖最早的得主。第三位便是小他23岁的维也纳卖花女苏菲,大把大把花着他的钱,却对他若即若离。诺贝尔始终痴情于她,最后她离他而去时,他还是在温泉疗养地买一栋别墅送她,自己就此成了老单身。

1896年,诺贝尔本人得了心绞痛和心脏病,并且非常严重,具有讽刺意味的是医生建议他服用硝化甘油(当时试验证明有效,但没有理论支持)他不予理睬直到去世。

直到100多年后三位获得1998年诺贝尔医学奖的科学家发现硝化甘油中的一氧化氮是机体产生的一种信号分子,能够舒张血管从而有利于血液循环,对心血管系统产生益处,才得到了理论上的支持。

故居1978年开放,现在展出的都是后来仿制的。只有卧室中那一把椅子是原物。一个世纪大富翁,身后只留下一把椅子。

晚风中白桦林沙沙响,更显出小城的宁静。瑞典多森林,森林中多美丽小城,小城中都有喷泉雕塑的广场。但只有这座广场,以诺贝尔命名。一位老者孤独地坐在年代久远的长椅上,招呼我们:"嗨!诺贝尔?"卡斯古卡的居民们,显然以他们那位非凡的老邻居为荣。

故居主人小档案

诺贝尔

阿尔弗雷德·伯纳德·诺贝尔(1833.10.21—1896.12.10)瑞典化学家、工程师、发明家、军工装备制造商和炸药的发明者。他曾拥有Bofors军工厂,主要生产军火;还曾拥有一座钢铁厂。

在他的遗嘱中,他利用他的巨大财富创立了诺贝尔奖,各种诺贝尔奖项均以他的名字命名。人造元素锘就是以诺贝尔命名的。

25 "猫王"普雷斯利故居（美国）
——"美国历史地标"

美国国旗

1. 狂野不羁的姿态引爆摇滚乐
2. 如同旋风一般横扫了世界乐坛
3. "美国最受欢迎景点"仅次于白宫
4. 他整整影响了一代人
5. 史上最伟大的演唱艺人

▣ 狂野不羁的姿态引爆摇滚乐

在二十世纪五六十年代的美国乐坛，猫王的一身衣着打扮和他令人难以代替的声线以及极富诱惑力的声音唱腔，不但使他成为舞台上的性感偶像，更是打破了当时种族隔离歧视制度下的不少陈规。身为白人的他以黑人唱腔演绎的歌曲，风靡了整个世界，可以说是他使摇滚乐成为白人青年反叛的标榜。

猫王于1935年1月8日出生在美国一个贫穷的农场工人家庭里。他从小就沉迷于福音音乐。同时，贫民窟里流行的节奏强烈的黑人音乐，以及蓝调、民谣亦深深打动了年幼的猫王。教堂的唱诗班演唱给予了猫王音乐启蒙，教堂里教徒们充满激情的歌舞对猫王影响至深，他那著名的

埃尔维斯·普雷斯利

富有争议的扭胯动作就脱胎于此。

1948年，猫王举家迁到了孟菲斯。在这里，猫王开始接触了职业乐手，偶然中他参加了四人福音歌曲演

故居内铺有白色地毯的楼梯

1957年猫王以成名专辑《伤心旅馆》的发行收入买下这座庄园，共花费10.3万美元。目前，已经被美国政府列为"美国历史地标"，每年吸引70万游客前往观赏。

如同旋风一般横扫了世界乐坛

猫王辉煌的音乐生涯开始于一次偶然的机会。1953年的一天，他在Sun唱片公司老板萨姆·菲利普斯名下的一家录音棚录制送给母亲的歌曲时，邂逅了菲利普斯的助手马里恩·凯斯克，并深得凯斯克的赏识。

1954年6月，菲利普斯让猫王去SUN公司录制一首来自纳什维尔的歌曲，同时受邀请的还有本地乐手斯科蒂·穆尔（吉他手）和比尔·布莱克（贝司），由他们为猫王伴奏。这一组合的效果开始并不理想，直到猫王演唱了阿瑟·克鲁杜皮茨的节奏与布鲁斯歌曲《好极了》，他们才找到了感觉。

这首歌曲最终成为猫王在 Sun 唱片公司的首张单曲唱片，并征服了

唱组"黑森林兄弟"的演出。可以说这次的搬家开启了猫王音乐生涯之路。孟菲斯的黑人灵魂乐及 R&B，再结合白人乡村音乐成为了猫王特有音乐与演唱风格的形成根源。

"猫王"埃尔维斯·普雷斯利的故居位于田纳西州孟菲斯市，占地越200英亩，以"生命之旅花园"之名保留下来。园中42块花岗岩代表着猫王人生的每个年份，园中神召会教堂已经重建，猫王在那里第一次迷恋上福音音乐。

当地的歌迷。他那种体现了乡村音乐和节奏与布鲁斯结合的音乐以及狂野不羁的姿态引爆摇滚乐前所未有的风暴。猫王从此走上成功之路，一颗超级巨星开始冉冉升起。

萨姆·菲利普斯预见到猫王这样一位具有黑人风格的白人歌星必定会引起轰动，因为他向人们展示了一种极富个性和创新的意味的白人音乐和黑人音乐风格的融合。

于是菲利普斯在给猫王制作唱片时也是独具匠心，利用公司原始的录音设施以及菲利普斯对回声技术的不断运用制造出所谓的"Sun公司声响"，再结合带有明显黑人节奏的一乡村音乐为基础的器乐部，形成了猫王独特的风格。

在Sun公司录音的作品中，猫王显示出对黑人音乐家风格的深刻理解。他从来不是简单地照搬别人的歌曲，他总是以一种新的方式来处理这些作品，而不会像其他白人歌手一样在处理歌曲时冲淡原有的力量。

1958年8月14日埃尔维斯的母亲死于急性肝炎引起的心脏病，去世时年仅46岁，这个噩耗对埃尔维斯的打击很大。其实母亲的死与埃尔维斯不无关系，作为超级偶像的母亲，她为自己肥胖的身材而感到自责自怜，缺乏社交经验又会使儿子难堪。她酗酒、厌食、滥服减肥药，导致心脏衰竭。母亲为他受苦受穷还没

夜色下的"猫王"故居

图说世界著名故居

来得及过上富裕日子就离他而去,这是埃尔维斯一生中遭受的最沉重的感情打击。

◪ "美国最受欢迎景点"仅次于白宫

在"美国最受欢迎景点"调查中,摇滚巨星"猫王"埃尔维斯·普雷斯利在美国格雷斯兰的故居排名第二,仅次于白宫。

此外,和"猫王"故居一样门庭若市的还有美国第三任总统、《独立宣言》执笔人托马斯·杰斐逊位于蒙蒂塞洛的家,这座美丽的花园洋房吸引了成千上万的游客,其中不乏大量美国民众。

◪ 他整整影响了一代人

50年代的猫王影响了至少整整一代人,他在现代音乐中的地位依然无人可以取代。他在50年代以及以后偶尔所表现出来的罕见的令人惊讶的才能也并没有因为他后期的活动而受到任何影响。

他以白人身份把带有种族色彩的黑人节奏布鲁斯音乐介绍给了白人,所承受的压力和获得的成功都是非凡的;他牺牲青春换来永恒传奇,燃烧生命烙下20世纪流行文化的图腾,更让全球的观众至今仍激

颇有设计感的客厅

荡不已。

他的作品超越了任何一个影响摇滚乐历史的因素,他也决定了摇滚乐将采用的形式,他第一次使得青少年得以重视和发扬自己的音乐个性。

尽管他的歌曲太简单肤浅,缺少力度和社会责任感,但这些久远传唱的曲目却真实地反映了第一代受摇滚思想影响的青少年的群体形象,他不仅拥有漂亮的容貌、标志性的扭胯动作和出色的舞台表演,更成为这个时代,这一代人的鲜明的标志。

蕴含了巨大潜力的整个年轻一代在他身上找到了反抗精神的共同性。自猫王以后,鲜明的思想性和强烈的现实批判性的摇滚乐迅速流传。也因为他的魅力,摇滚乐成为美国全民运动。猫王开辟了摇滚乐艰难的前进道路。

史上最伟大的演唱艺人

1979年猫王辞世后,猫王的庞大遗产由唯一当时年仅11岁的女儿丽萨继承,经过近两年四次官司诉讼,终于判定强制经纪将猫王的影像与录音作品全数交还给RCA与猫王家族。

猫王从未录制过外语歌曲,并且除了在三个加拿大城市的五场演出,他也从未在美国国外举办过演唱会。

1977年猫王去世后,他的经典旧作仍然广为流行,任何再版唱片都能保持非常稳定的销量。毫无疑问,猫王是流行音乐历史上唱片销量最高的艺人之一,销量排名世界第一。

英俊不凡的容貌,天赋的音乐灵性,不羁天性而富有感召力的舞台表现力成为了猫王的标签,也使他成为世人狂热崇拜的明星。猫王在家中的奖品陈列馆放满了金唱片和白金唱片,以及各种各样来自全世界各个国家的荣誉。从50年代到70年代,他的影响力持续了20多年,歌曲流行经久不衰。

故居主人小档案

猫王

埃尔维斯·普雷斯利,"猫王"这个绰号是狂热的美国南方歌迷为他取的昵称。20世纪50年代,猫王的音乐开始风靡世界。他的音乐超越了种族以及文化的疆界,将乡村音乐、布鲁斯音乐以及山地摇滚乐融会贯通,形成了具有鲜明个性的独特曲风,强烈的震撼了当时的流行乐坛,并让摇滚乐开始如同旋风一般横扫了世界乐坛。

图说世界著名故居

26 托马斯·杰斐逊故居（美国）
——罗马万神殿的构形

美国国旗

1. 美国历史上最杰出的总统之一
2. 他曾多次竞选总统
3. 被世人传诵的《独立宣言》
4. 喜欢小发明的总统
5. 住所与他革故鼎新的观念有关联

■ 美国历史上最杰出的总统之一

托马斯·杰斐逊是美国独立革命运动的一位积极领导者和组织者，著名的美国《独立宣言》的起草人。他前后从事政治活动近60年之久，在美国人民的心目中是一位伟大的英雄。

杰斐逊是资产阶级民主主义思想家，主张人权平等、言论、宗教和人身自由。他起草的《废止限嗣继承法规》，沉重打击了从英国带到美洲的封建主义残余。他起草了《弗吉尼亚宗教自由法规》，并使这一法规在州议会获得通过，实现了政教分离。

杰斐逊任总统期间，美国从法国人手中"购买"了路易斯安那地区，使美国领土扩大近一倍。他还派遣远征队西行，使美国的西部边界伸向太平洋海岸。他执政期间进行过一些民主改革，领导了反对亲英保守势力、争取保持资产阶级民主的斗争，起了积极和进步作用，为美国资本主

托马斯·杰斐逊

134

义的迅速发展创造了条件。

托马斯·杰斐逊故居于1943年4月杰斐逊诞辰200周年时落成。建筑师隐约地借用了罗马万神殿的构形,表达杰斐逊自由、独立和平等的理念。

尽管身处现代主义流行的时代,建筑师仍忠实地恪守古典唯美主义的训诫。纪念馆外墙大理石来自佛蒙特州,而内墙大理石和石灰石来自乔治亚州。

托马斯·杰斐逊是美国著名的政治家、思想家、哲学家、科学家、教育家,第三任美国总统。他是美国独立战争期间的主要领导人之一,1776年,作为一个包括约翰·亚当斯和本杰明·富兰克林在内的起草委员会的成员,起草了美国《独立宣言》。此后,他先后担任了美国第一任国务卿,第二任副总统和第三任总统。

他在任期间保护农业,发展民族资本主义工业。从法国手中购买路易斯安那州,使美国领土近乎增加了一倍。他被普遍视为美国历史上最杰出的总统之一,同华盛顿、林肯和罗斯福齐名。

他曾多次竞选总统

托马斯·杰斐逊生于弗吉尼亚一个富裕的家庭。他曾就读于威廉

托马斯·杰斐逊故居全景

玛丽学院，并于1767年在弗吉尼亚获得律师资格。

1769年，他当选为弗吉尼亚下院议员，并积极参加独立行动。他两次当选为弗吉尼亚州长，还担任过美国驻法大使。1800年他竞选总统时，与阿伦·伯尔所得选举人票数相等，后由众议院选择杰斐逊当总统。

被世人传诵的《独立宣言》

杰斐逊曾写道，《独立宣言》是"吁请世界的裁判"。自1776年以来，《独立宣言》中所体现的原则就一直在全世界为人传诵。

美国的改革家们，不论是出于什么动机，不论是为了废除奴隶制，禁止种族隔离或是要提高公民的权利，都要向公众提到"人人生而平等"。不论在什么地方，当人民向不民主的统治作斗争时，他们就要用杰斐逊的话来争辩道，政府的"正当权力是经被治者同意所授予的"。

喜欢小发明的总统

托马斯·杰斐逊因起草独立宣言闻名，后来被选为美国的第三任总统，以提倡平等和民主而载入史册。他在弗吉尼亚州的家，现在成为旅游参观的热点。

到这个地方参观过的人，都会对这位大政治家的小玩艺儿留下深刻

托马斯·杰斐逊故居

印象。这位一辈子从政的人,是一个兴趣广泛,极喜欢自己想出一些新鲜玩艺儿的人。

他家客厅的双开大门,两扇门会同步转动开闭,是他自己在地板下安装了连动两个门轴的装置。地下室厨房里做好的饭菜,通过升降梯送到楼上餐厅,这个装置我们在饭店里司空见惯,却是杰斐逊第一个搞出来的。他改造了自己家墙上的钟。装上了一个垂直移动的指针,用来指示星期几,可以说是世上第一个日历钟。

他一辈子写下大量书信文稿,那个时候还没有发明复写纸,他是使用一个特殊的复写装置,能够一次得到两份一模一样的书写稿,所以他写的信,自己都有一份底稿。

杰斐逊好学多才,兴趣广泛。他是土地测量师、建筑师、古生物学家、哲学家、音韵学家和作家。他懂得拉丁语、希腊语、法语、西班牙语和意大利语。

他还对数学、农艺学和建筑学,甚至提琴等感兴趣。人们称他是天资最高、最多才多艺的美国总统。杰斐逊一生著述很多,涉及问题很广,后人为纪念他而出版了他的文集,共20卷,杰斐逊作为美国资产阶级民

故居内的酒窖

主派代表,与华盛顿和林肯齐名。

世界上第一台手提电脑属于谁?要说是200多年前"美国独立宣言"的起草者托马斯·杰斐逊,你一定会说这是无稽之谈。200多年前,连电灯都还没有发明出来,哪谈得上电脑。他大半辈子的时间搞政治,曾经出使法国,后来还当了8年总统,经常出门。

他发明了一个手提式的写字台,提在手里是个手提箱,放下一架就是一个写字台,翻开来就是他自己喜欢的纸,小抽屉里有墨水瓶,鹅毛笔,还有削鹅毛笔的小刀。

侧面的抽屉里有他日常用的小

图说世界著名故居

故居前的雕像

用品,还有一个政治家必用的封蜡和封印。总之,箱子虽小,当年一个绅士在书房里需要的东西却样样俱全,不管到了什么地方,他都有自己需要的东西了。这样一个小箱子,200年前就相当于今日功能齐全的手提电脑。

住所与他革故鼎新的观念有关联

托马斯·杰斐逊对于他在弗吉尼亚建造的庄园曾这样写道:"希望实现我最终的愿望,无论任何地方,无论任何群落,都不如在蒙蒂塞洛永终一生,如此则不胜慰悦。"托马斯·杰斐逊总统基金会主席莱斯利·格林·鲍曼认为,托马斯·杰斐逊的住所与他革故鼎新的观念有关联。

鲍曼说:"蒙蒂塞洛是唯一入选广受尊崇的联合国教科文组织世界遗产名录的美国民居,具有独特的意义。"联合国教科文组织已确定全世界900多处景观具有"杰出的普遍价值"。

据鲍曼说,"蒙蒂塞洛体现了新共和国……以及其他向往自由和自决的人民的普遍价值。"托马斯·杰斐逊按照古典希腊和罗马建筑式样设计了这个庄园,一方面对欧洲传统表示崇尚,另一方面预示着今后出现的一系列文化探索。

故居主人小档案

托马斯·杰斐逊

托马斯·杰斐逊(1743—1826),美国政治家、思想家、哲学家、科学家、教育家,第三任美国总统。他是美国独立战争期间的主要领导人之一,1776年,作为一个包括约翰·亚当斯和本杰明·富兰克林在内的起草委员会的成员,起草了美国《独立宣言》。他在任期间保护农业,发展民族资本主义工业。从法国手中购买路易斯安那州,使美国领土近乎增加了一倍。他被普遍视为美国历史上最杰出的总统之一,同华盛顿、林肯和罗斯福齐名。

27 郭沫若故居（中国）
——一个诗人、学者兼战士的家

中国国旗

1. 邓颖超为故居门匾题词
2. 它曾是清代和珅的王府花园
3. 令人动容的"妈妈树"
4. "沧海遗粟"引起的学术轰动
5. 他其实从16岁起就已经耳聋

◤ 邓颖超为故居门匾题词

郭沫若是中国科学技术大学的主要创建者之一。1958年5月，为了实现科学技术的现代化，加速培养国防建设和尖端科学技术方面急需的专门人才，当时任中国科学院院长的郭沫若联合部分著名科学家，向党中央提出由中国科学院创办一所新型大学的建议。

建议得到党和国家领导人刘少奇、周恩来、邓小平、聂荣臻等的支持，以及中央书记处会议的批准。同年9月，中国科学技术大学在北京正式成立，国务院任命郭沫若兼任校长。

此后，郭沫若担任中国科学技术大学校长长达20年，显示出渊博的知识和深邃的教育思想。

北京郭沫若故居，现为郭沫若纪念馆，地处北京市西城区前海西街18号，东临什刹海，南望北海公园静心斋。1965年，北京市调整路名和门牌号以前，这里原为"西河沿8号"。

故居前郭沫若石像

邓颖超题写的金字牌匾

纪念馆占地 7 000 平方米,建筑面积 2 280 平方米,大门坐西朝东,门匾"郭沫若故居"为邓颖超 1982 年 9 月题写。1982 年被列入第二批全国重点文物保护单位的名单。

据乐山《郭氏家谱》所载,郭沫若的祖籍福建汀州府宁化县,是为闽西客家人。先祖郭福安为郭子仪之后裔。郭沫若在《德音录·先考膏儒府君行述》中云:"吾家原籍福建,百五十八年(即乾隆四十六年,1781 年)前,由闽迁蜀,世居乐山县铜河沙湾镇,入蜀四代而至秀山公(沫若祖父),族已昌大"。

郭沫若曾祖父郭贤惠之先辈由宁化县来四川之时"做苎麻生意",采集宁化野生苎麻,跟随入川之马帮,到今日之牛华镇(即郭家早期之坐房)进行交易,并于后来开拓麻布生意成功后继而开设 13 座驿站。

它曾是清代和珅的王府花园

郭沫若纪念馆所在地前身是清代和珅的王府花园,后因和珅被抄,花园遂废。同治年间,此处成为恭亲王的草料场和马厩。民国时,恭亲王后代把此地专卖给达仁堂乐家药铺作为宅院。

新中国成立以后,这里先是蒙古人民共和国驻华大使馆馆舍,后由宋庆龄同志居住。

1963年郭沫若由西四大院胡同5号迁入,直到1978年6月病逝,在这里度过了他一生最后的15年。

郭沫若逝世以后,郭沫若著作编辑出版委员会于1979年迁入本院,随后不久酝酿组成了"郭沫若纪念馆筹备小组"。1982年2月中共中央书记处决定把郭沫若这个晚年的居住地定名为"郭沫若故居",同年8月经国务院批准,"郭沫若故居"列入全国重点文物保护单位。

步入庭院,草坪上是一座郭沫若先生全身铜像,神情怡然,似在小憩,又似沉思。穿过垂花门,是由东西厢房和俩排正房组成的二进四合院,回廊、暖廊将其连为一体,迎面五间正房是郭老的卧室、写字间和客厅,均按原状陈设展览。

郭沫若故居的院子是不规则形状,前院有两座小山,居住的院落位于院子的北部,是一个二进的四合院。大门是垂花门,进入大门后是由正房、东西厢房组成的院落,正房与东西厢房都有檐廊,还有抄手游廊将檐廊衔接起来。

前排正房分别是客厅、办公室、卧室,穿过小月季园,后排正中是郭沫若夫妇研磨书法的地方,它们都依旧保持着郭沫若在世时的状况。

东西厢房及后排东房为生平陈列室,展示这位诗人、学者兼战士的一生及其在文学、历史、考古、翻译等领域中的成就和为和平运动所作的贡献。纪念馆现藏有郭沫若生前大量著译手稿的原件及研究工作所用的书籍,特别是一批有关《管子》研究的线装书很有价值。

令人动容的"妈妈树"

郭沫若故居中有一株漂亮的银杏树,这是郭先生的"妈妈树"。其实这里满院都能看见银杏树,到了秋

郭沫若印

天，金黄灿灿的树叶在枝头迎着秋阳散射出柔和温暖的光芒。

郭沫若喜欢银杏树，因为他觉得银杏的树干端正挺劲、独立不倚，它美，却美得低调。那为什么"妈妈树"最特别呢？因为它有着不寻常的故事。

那是1954年的春天，女主人于立群患了重病需要去外地治疗，在她离开北京的第二天，郭老带着孩子们从西郊大觉寺移回一棵只有手腕粗细的银杏树苗，种在大院胡同5号院里。郭老为它起了"妈妈树"这个名字，寓有"孩子们少不了妈妈"的深意，希望妻子顽强地经受住疾病的磨难，早些回到孩子们和自己身边来。后来搬家，郭老也把树移植到了现在的四合院里。

"沧海遗粟"引起的学术轰动

在郭沫若纪念馆四合院西厢房，有一只没有油漆的日本式木匣，木板已经被岁月涂成棕灰色，走到近处才

郭沫若故居

看见上面"沧海遗粟"四个楷体字。

别看它毫不起眼，但就是这只木匣却在70余年前让整个中国学界感到振奋。木匣里曾经装有九种甲骨金文著述手稿，是郭沫若流亡日本期间的学术研究的精华。

郭沫若在研究中国历史的过程中，对传世文献的可靠性产生了怀疑，他要寻找第一手资料，即未被后人加工过的、确实足以代表古代的那种东西，于是他开始了对甲骨文、金文的研究。

1929年，郭沫若完成《甲骨文字研究》一书，这是他为探讨古代社会的实际而进行古文字研究的第一部著作。

随后的几年里，《两周金文辞大系》《金文丛考》《卜辞通纂》《殷契粹编》《石鼓文研究》等高水平的学术著作一部接着一部问世，使古文字学权威们也感到是不可理解的奇迹。

他其实从16岁起就已经耳聋

在郭沫若的故居里陈列着一个助听器，有不少人以为这是郭老在晚年用的。其实许多人并不知道，自16岁起，郭沫若就成了残疾人——耳聋。

1908年，郭沫若在乐山读书的时候，一场突如其来的疾病袭击了他，伤寒让他持续高烧达一个月，损坏了他的听神经，造成双耳重听。直接导致他在日本中止学医，他甚至想自杀。后来郭沫若之所以走上了文学的道路，耳朵残疾是一个非常重要的因素。

郭沫若在这个宅院里，撰写了数以百万字的论文、专著及诗歌等作品。故居纪念馆里保存着他的大量手稿、图书和文献资料。

如今，院内郭沫若夫妇生前种植的花木茂密葱茏，垂花门内郭沫若的办公室、客厅和卧室依然如故，保持着主人在世时的景象。

故居主人小档案

郭沫若

郭沫若（1892.11.16—1978.6.12），原名郭开贞，字鼎堂，号尚武。中国共产党优秀党员，致力于世界和平运动，是我国现代著名的无产阶级文学家、诗人、剧作家、考古学家、思想家、古文字学家、历史学家、书法家，学者和著名的革命家、社会活动家，蜚声海内外。他是我国新诗的奠基人，是继鲁迅之后革命文化界公认的领袖。

28 华盛顿故居（美国）
——大西洋岸的弗农山庄

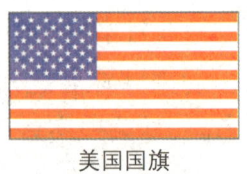

美国国旗

1. 18 世纪的北美式庄园建筑
2. 拉斐特赠送的巴士底狱钥匙
3. 他主张废除黑奴制
4. 美国人民心目中第一人
5. 华盛顿象征美国的品格

▌18 世纪的北美式庄园建筑

美国总统华盛顿的故居坐落在面临大西洋的波托马克河畔的大森林里。这是个高低不平的丘陵地带，林木茂盛，环境优美、宁静，这里又被称作弗农山庄。

弗农山庄是华盛顿异母兄长劳伦斯留给他的产业。华盛顿和他的同父异母兄长从小感情很好。劳伦斯于 1743 年在波托马克河边建造了一幢房子作为家园。为了纪念心目中的英雄英国海军上将弗农，劳伦斯将这片家园命名为弗农山庄。

此处风光美丽，劳伦斯藏书颇多，华盛顿很喜欢来此居住。后来劳伦斯染病去世，22 岁的华盛顿继承了弗农山庄。

1773 年，经历了最初军旅生涯

华盛顿雕像

后归隐的华盛顿，拆除了 30 年前那一层半的老屋，在原地建造起两层半的新居，共有 19 个房间，形成了今天

华盛顿故居雪景

弗农山庄主楼的样子。

华盛顿出生在弗吉尼亚的一个大种植园奴隶主家庭,从小受到良好的文化教育,毕业于美国最古老贵族学院之一的威廉玛丽学院。富有开拓精神,吃苦耐劳,待人谦和,心地善良。他虽然在威廉玛丽学院刻苦学习测量技术和人文科学,却没有接受威廉玛丽学院的完整教育,但他注意自学,使自己具备了突出的才干。早年当过土地测量员。

1752年,华盛顿成为弗农山庄园的主人。曾参加七年战争,获中校和上校衔,积累了军事指挥的经验。1758年当选为弗吉尼亚议员。翌年与富孀M.D.卡斯蒂斯结婚,获得大批奴隶和60.75平方千米的土地,成为弗吉尼亚最大的种植园主。在经营农场、手工作坊的过程中,华盛顿饱尝了英国殖民当局限制、盘剥之苦。1774年和1775年,先后作为弗吉尼亚议会的代表出席第一届、第二届大陆会议。

1775年7月3日,华盛顿就任大陆军总司令。他把一支组织松散、训练不足、装备落后、给养匮乏,主要由地方民军组成的队伍整编和锻炼成为一支能与英军正面抗衡的正规

华盛顿故居是北美式庄园建筑

军。通过特伦顿、普林斯顿和约克德等战役,击败英军,取得了北美独立战争的胜利。

1783年《巴黎和约》签订,英国被迫承认美国独立。同年12月23日递交辞呈,解甲归田。1787年他主持召开费城制宪会议。制定联邦宪法,为根除君主制,制订和批准维护有产者民主权利的宪法作出不懈的努力。后来,他回到母校,担任了威廉玛丽学院的名誉校长。

拉斐特赠送的巴士底狱钥匙

弗农山的主楼依傍波托马克河而建,东南偏东朝西,是一座典型的18世纪北美式庄园建筑,外观简洁,布局精巧,恰好好处地显示了主人的风格。大量历史资料表明,华盛顿为扩建和装修这幢建筑,花费了大量心血,直到他安息的时刻。

主楼偏西侧,也就是大门前,是一块平整的空地。场地中间是修剪整齐、几乎终年嫩绿的椭圆形草坪。

两边各有一幢不大的斜顶平房,北侧的房子是仆人住的,但是只供白人居住;南侧的房子是厨房。两道弧形覆顶走廊,将两幢平房与主楼连接。主楼建造在波托马克河河岸的坡顶,它的东侧全是草坪,草坪一直延伸到波托马克河河边。

华盛顿57岁在此被通知当选美

国第一任总统,华盛顿逝世后,遗体曾在此停灵三天,随后安葬于弗农山庄。小餐厅是平时家人进餐之处。

餐桌上按当年模样,摆着面包、菜肴、樱桃和红酒。二楼华盛顿夫妇的卧室很朴素,有铺着花布床单的老式卧床、安乐椅、大圆镜和木制衣箱。

走廊的楼梯口挂着一把黑色的大钥匙及一幅素描。这把钥匙是用来开启法国的巴士底狱的。法国拉斐特将军于1790年把这两样东西送给华盛顿,并称华盛顿为"自由之父"。

它们原本是一位名叫斐因的美国作家赠给率法军为美国独立战争助战的拉斐特将军的,拉斐特将军又把它转呈给华盛顿总司令。

斐因在给华盛顿的附函中说:"法国大革命是美国政治原则移植欧洲所产生的第一只成熟的果实。由于美国革命,因而将巴士底狱的大门启开。这把钥匙来到了它适当的处所,一定会无限欣慰。"

他主张废除黑奴制

华盛顿全票当选总统后,他的妻子玛莎倍感失望。她需要的是和丈夫在晚年享受平静的生活。不过她通情达理,还是在孤独中承担了第一夫人的职责。她没有随丈夫去纽约,而是孤独地守候在老家弗农山庄。

第二任总统任期满后,华盛顿彻底拒绝了所有的职务,于1797年回到了妻子身旁,并在那里陪伴了妻子两年,最终于1799年逝世。

庄园的资料显示,黑奴们可以在庄园内互相通婚。如配偶在外,可按时出行到其他庄园里去。所有黑奴

华盛顿故居全景

图说世界著名故居

的衣食均按季度分配。住在边远地区的家奴,可以有一小块自留地和私养牲畜。

在18世纪美国农奴制盛行的年代里,华盛顿作为弗吉尼亚的大庄园主,对农奴制当然完全接受,并赖以发展家业。但到晚年,他已倾向于主张释奴。他说:"我深切希望,在本州(弗吉尼亚)的立法机构能够看到一项逐步取消奴隶制的政策。"据说,华盛顿还在他的遗嘱中规定,在其夫人玛莎逝世后他的黑奴都可以自由。

美国人民心目中第一人

华盛顿于1796年由总统退位回到弗农山庄,1779年12月14日因病逝世,终年67岁。弥留之际他对秘书说:"我要去了,在我死后两天,把我送进墓地。我的遗体将以普通人的方式埋葬,无须什么隆重仪式,也不要什么墓前演说。"

这位被称为美国之父的人长眠在山庄的墓园。人民永远崇敬和怀念他,首都用他的名字命名并建立起一座巍峨高耸的华盛顿纪念塔;发行带有他肖像的货币和邮票;里士满艺术博物馆里悬挂着他全副武装骑在马上的巨幅油画;弗吉尼亚州政府和华盛顿纪念馆有他的塑像;一年四季

华盛顿纪念柱

不断有来自全国各地的人瞻仰他的故居,到他的陵墓凭吊。

有人称赞华盛顿:打仗时他是部队总指挥官指挥战斗;和平时他站在建设最前沿;他是美国人民心目中占第一位的人。

华盛顿象征美国的品格

遵照华盛顿的遗愿,他去世后遗体安葬在距离故居不远处的家族墓穴里。直到今天,弗农山庄每年平均接待100万人次参观者。这个数字是稳定的,不因世事起伏而涨落。

人们来到这里,亲身感受一种高尚的人格力量。也是对自身灵魂的一次沐浴。

美国一位作家曾经说过:"英国对世界最大的贡献是莎士比亚的作品,而美国的则是华盛顿的品格。"这足见美国开国总统乔治·华盛顿在美国人心目中的地位。

故居主人小档案

乔治·华盛顿

美国首任总统(1789—1797),美国独立战争大陆军总司令。1789年,当选为美国第一任总统,1793年连任,在两届任期结束后,他自愿放弃权力不再续任,隐退于弗农山庄园。由于他扮演了美国独立战争和建国中最重要的角色,故被尊称为美国国父,学者们则将他和亚伯拉罕·林肯并列为美国历史上最伟大的总统。

故居内景

图说世界著名故居

29 达尔文故居（英国）
——闲情逸致的植物庄园

英国国旗

1. 达尔文生命的港湾
2. 悠闲隐逸生活的科学乡绅
3. 祖父和父亲塑造了他的未来志趣
4. 他在剑桥遇见了两个伯乐
5. 这里到处弥漫着达尔文的气息

◪ 达尔文生命的港湾

查尔斯·罗伯特·达尔文，英国生物学家，进化论的奠基人。曾乘贝格尔号舰作了历时年的环球航行，对动植物和地质结构等进行了大量的观察和采集。

出版《物种起源》这一划时代的著作，提出了生物进化论学说，从而摧毁了各种唯心的神造论和物种不变论。除了生物学外，他的理论对人类学、心理学及哲学的发展都有不容忽视的影响。澳大利亚有以达尔文命名的城市。

达尔文故居在伦敦东南部30千米处的肯特郡当村。故居在当村西南角，是一座白色石砌三层楼房。这里原是一个农场主的住宅。

1842年，达尔文将它买下，全家搬到这里。他在这里生活了近40

达尔文

年，直到1882年逝世。达尔文在楼房两侧陆续修建了与主楼相连的厨房、工作间和会客室等，使住房更宽敞、美观。

楼后近7.2公顷的草地和花园，

也是当年达尔文同楼房一起买下的。

达尔文在园中亲手种了一小片树林,还在那里喂养过牛羊等家畜。达尔文喜欢乡间的静谧和鸟语花香,他选择这里作为生命的港湾,研究自然选择和生物多样性,与妻子爱玛和孩子们共享天伦。

悠闲隐逸生活的科学乡绅

一楼的客厅、餐厅、书房、廊道都保留着达尔文居住时的原貌,装修、陈设、家具、钢琴、画像等大都是达尔文居住时的原物。一楼书房给人印象尤深,显微镜、器皿、器械、标本、高背黑靠椅和写字板无一不是达尔文研究和著述进化论时曾经使用过的原物。

达尔文在这里度过的岁月是丰富多彩的。他在这里做科研并非到了废寝忘食、通宵达旦的地步。他似乎更像一位过着悠闲隐逸生活的乡绅,生活规律准如钟表。

他每天早晨开始在书房里工作6个小时,检查标本,处理信件,撰写著作。无论天气如何,他都会去院子中的"沙之小路"散步,途中在温室逗留片刻,看一下实验植物。他花了很多时间来研究蚯蚓以及蜜蜂和昆虫对花朵的授粉。

他的园丁曾经说过:"他一直在花园里游荡,我曾经看到他在一朵花

达尔文故居

前一次站了10分钟。"1876年,他写成的《植物界异花受精和自花受精的效果》一书,就是经过长期大量实验的结果。

达尔文每天要午睡、喝茶,累了就读奥斯汀的小说,或摇铃叫管家陪他打台球,晚上睡觉前必要听夫人弹钢琴。他花了很多心思来装饰住房。他还是当地的"治安法官",有时就在餐厅里断案,现在餐桌上还摆放着治安法官手册。

在工作压力减轻时,他会非常乐意扮演乡绅和教区事务领袖的角色。他还在这里协助组织了当地的友好协会和乡村庆典。

祖父和父亲塑造了他的未来志趣

故居内挂了很多达尔文家族的照片画像,他的家族不仅遗传给了他聪慧,而且为他提供了自小接受前沿科学思想熏陶的环境。

达尔文的两个祖父都是推动英国工业革命的重要人物。祖父厄拉斯姆斯·达尔文就是一位物理学家、发明家和诗人,早在达尔文出生之前,他就写出了《动物进化论》。达尔文的父亲是一位有名的乡村医生。达尔文自小受祖父和父亲影响,常常捧着家里的自然史书籍一口气读几

达尔文故居内景

个小时。这些都帮助塑造了他的未来志趣。

博物馆内陈列的达尔文兄弟姐妹幼年的画像中，有一张极有象征意义，一群孩子中唯有6岁的达尔文怀中抱着一盆花。这个并非中规中矩的姿态足以反映出他自小对生物世界的强烈兴趣，和家人对他执拗的容许。

达尔文1809年2月12日出生，是家里的第五个孩子。母亲在他8岁时过世。他从小对学校学习就兴趣索然，在校成绩和表现均属平平。他恨寄宿学校，讨厌枯燥无味的拉丁文和希腊文课。但在教室外面，达尔文却非常活跃，从鹅卵石到鸟蛋，他什么都采集。

他喜欢在花园玩，走很长距离的路，钓鱼，要么就捧着父亲的自然史书籍一口气读几个小时，或者独自沉思。孩提时期的达尔文沉默寡言，喜欢幻想，独来独往。

故居另一角度

他在剑桥遇见了两个伯乐

达尔文的家庭比较富裕，让他可以买下这幢庄园，在这里一心做学问。他比法拉第那样的出生贫寒的科学家要幸运得多。达尔文的外祖父乔西亚·韦兹伍德也是达尔文妻子爱玛的祖父，出身望族，家境富裕，热爱科学，制造的"韦兹伍德"牌瓷器驰名世界，至今仍是英国的名牌。

达尔文行医的父亲还热衷于投资运河和公路。在他需要钱搭乘"贝尔格号"做科学考察时，殷实的舅舅慷慨解囊。

在离故居并不算远的剑桥，达尔

文的生活发生了突变。他遇到情趣相投的著名植物学家亨斯洛教授。亨斯洛精通植物学、昆虫学、化学、矿物学和地质学，长期不断地观察和研究自然，成为他的良师和益友。

亨斯洛还将他引荐给地理学家亚当·塞奇维克。正是由于他们的帮助和指导，达尔文才成为一个真正的自然科学家。没有这两位伯乐的提引，达尔文可能终生都还在进化论的大门外徘徊摸索。

这里到处弥漫着达尔文的气息

自1929年起，这座故居作为达尔文博物馆向公众开放。书房和客厅里的布置仍是达尔文生前的样子。室内的家具、书籍、研究工具大都是达尔文当年用过的。

餐厅和他晚年扩建的新工作间被辟作陈列室，一个陈列室里陈列着花、鸟、鱼、虫、兽、树木的标本，其中一些是达尔文生前亲自采集的。里面还利用各种资料、图表和文字说明，简要介绍了达尔文的进化论。另一个陈列室里展出有达尔文各种著作的最初版本、大量的手稿和书信，以及与达尔文有关的文献资料。

1831年12月，22岁的达尔文参加了英国海军勘探船"贝格尔"号的远洋考察。这次历时5年的探险旅行充满艰辛，但为达尔文进化论的形成提供了科学根据和物质基础。

在旅途中他记下了几十本笔记，记述了他所见到的各种自然现象和社会现象。这些笔记本以及他使用过的显微镜、望远镜、环动仪、温度计、土手枪和地质锤等仪器、工具，现在都保存在故居里。

故居中达尔文种下的粗大的角柏、橡榛、赤杨、白桦、菩提和枫树依然茁壮生长着。

故居主人小档案

达尔文

查尔斯·罗伯特·达尔文（1809.2.12—1882.4.19）英国生物学家，进化论的奠基人。曾乘贝格尔号舰作了历时5年的环球航行，对动植物和地质结构等进行了大量的观察和采集。出版《物种起源》这一划时代的著作，提出了生物进化论学说，从而摧毁了各种唯心的神造论和物种不变论。除了生物学外，他的理论对人类学、心理学及哲学的发展都有不容忽视的影响。恩格斯将"进化论"列为19世纪自然科学的三大发现之一。

30 李鸿章故居（中国）
——晚清重臣的居所

中国国旗

1. 他是颇具争议的历史人物
2. 合肥"十大景点"之一
3. 保存较为完好的名人墓园
4. 故居几经沧桑
5. 恢弘的"李府半条街"

▶ 他是颇具争议的历史人物

李鸿章是近代历史上一位颇具争议和个人魅力的晚清重臣。24岁中进士，后以合肥地区的团练武装为基础，组建了淮军，并以此为基础建立了庞大的淮系政治集团。

60年代初，积极筹建新式军事工业，1865年分别在上海和江宁（今南京）创办江南机器制造总局和金陵机器制造局。

1870年担任直隶总督兼北洋通商大臣，开始进入权力中枢，并参与掌管清政府外交、军事、经济大权，成为清末权势最为显赫的封疆大吏。

李鸿章故居是晚清军政大臣李鸿章的家宅，位于合肥市繁华的步行街中段，是典型的晚清江淮地区民居建筑。布局整齐，结构严谨，雕梁画栋，占地面积2 000平方米，是合肥市仅存的规模最大的名人故居。1998年安徽省人民政府公布为安徽省重点文物保护单位。

李鸿章

合肥"十大景点"之一

在李鸿章的任内，兴建了大批近代企业，创办北洋海军，派遣留学生等等，开启了中国近代化的首轮浪潮。对外奉行"内须变法，外须和戎"的外交方针，但由于国力限制以及自身认识的局限，使得"和戎"外交大多以失败告终，李鸿章被迫代表清政府签订了一系列的不平等条约。

故居前厅布置了"李鸿章生平展"，该展览用大量的珍贵图片与实物展示了李鸿章风云变幻的一生即"少年科举，壮年戎马，中年封疆，晚年洋务"。中厅和小姐楼则采用复原陈列的形式展现了李家接待客人和家眷们的日常起居生活情况，充分表现了江淮地区的建筑风格。

东面的"淮系集团与中国近代化的展览"，则是在丰富李鸿章生平展的基础上开放的，充分揭示了这个晚清历史上最具影响力和实力的集团——淮系集团在李鸿章的领导下，对近代军事、经济、文化以及国防方面所做出的突出贡献。

故居自开放以来，以自己独特的建筑风格和丰富的文化内涵吸引了大批游客，成为合肥市的"十大景点"

李鸿章故居

之一和市民心中的首选景点。

保存较为完好的名人墓园

1902年李鸿章的灵柩从北京辗转运回合肥，1903年葬于合肥东郊的大兴集。李氏家族后人为祭祀他，在墓旁建造了规模庞大的享堂。

现存的李鸿章享堂占地1.4万平方米，建筑面积近3 000平方米，是目前国内保存较为完好的名人墓园，分为享堂区、合葬区和仓房区。享堂有前、中、后三进，两个四合院，分为门厅、前堂、寝堂。

西侧是李鸿章与赵氏夫人合葬墓，墓前有神道碑引导。神道碑上主要记述了李鸿章的一生以及朝廷追赠他和封赏李氏子孙的情况，由桐城派大家吴汝纶撰写。东侧是仓房，主要是储藏用于维护享堂和日常开支的粮食，现布置有《江淮地区农俗陈列》。该陈列用大量的实物展现了江淮地区的农具以及农民的生活情况。

故居几经沧桑

李鸿章故居临街一进在50年代分别被改建成淮河百货公司和其他商店，门面墙及内室作了适合营业性

故居福寿堂

的改动。二至四进为皖北人民银行和安徽省人民银行使用数十年，由合肥市工商银行管理，当作宿舍。

文革中只因李鸿章故居已被改作它用，才得以幸存，使整体风貌维持了原状。但内部的一些珍贵用材、木雕等，被铲除变卖了。

李鸿章享堂和墓地在1938年5月是日本军队兵临合肥时遭到第一次毁坏，第二次是50年代末的大跃进、大炼钢铁时被破坏，享堂周围一带扩进工厂，享堂内的木材被拆去炼了铁，部分房间改做了工厂的办公室、幼儿园和库房。而墓地则被削

平，尸首未留。1997年10月，李鸿章故居才按照有关专家的设计方案进行修复、补齐、复原。

◤ 恢弘的"李府半条街"

故居自南向北依次为大门、过厅、中厅以及内眷所住的走马楼。古色古香的故居具有明显的江淮官宅特点。李鸿章故居建于19世纪末。

故居当年规模很大，许多人用"李府半条街"来形容李家住宅群的恢弘气势。历经百年的风风雨雨，李府依然保留独有的风貌。改革开放后，合肥市政府对李鸿章故居采取保护措施，在原地修复重建，成为现在大家看到的模样，只是现存规模已不到原来的十二分之一。

捻军覆灭后，清廷开复李鸿章降革处分，并赏加太子太保衔，授湖广总督协办大学士。在湖广总督任上，李鸿章一度奉命入川查办四川总督吴棠被参案。

同治九年，奉旨督办贵州军务，镇压苗民起义。清廷因左宗棠远在平凉不及兼顾，又改命援陕。但李鸿章实在不愿与左宗棠共事，故一再拖延，直至6月下旬才抵西安。7天后，因天津发生教案，列强军舰麇集

李鸿章故居内的小姐楼

大沽口，奉密谕"酌带各军克日起程赴近畿一带相机驻扎"。后因成功调解天津教案，被任命为直隶总督，旋兼任北洋通商事务大臣。

李鸿章在直隶总督兼北洋大臣任上秉政达25年，参与了清政府有关内政、外交、经济、军事等一系列重大举措，成为清廷倚作畿疆门户、恃若长城的股肱重臣。随着李鸿章地位、权利的上升，他一手创建出的淮军，成为充当国防军角色的常备军；而以他为领袖，由淮军将领、幕僚以及一批志同道合的官僚组成的淮系集团，成为当时实力最强的一个洋务派集团，并在其带领下，开始了中国早期的洋务。

同治四年，李鸿章在署理两江总督任上，在曾国藩支持下，收购了上海虹口美商旗记铁厂，与韩殿甲、丁日昌的两局合并，扩建为江南制造局。中国近代早期的四大军工企业中，李鸿章一人就创办了三个，已如他自己所言"练兵以制器为先"。

19世纪70年代出任直隶总督后，责任愈巨，视野愈阔，综观世界各国的发展，李鸿章会见外宾。痛感中国之积弱不振，原因在于"患贫"，得出"富强相因"，"必先富而后能强"的认识，将洋务运动的重点转向"求富"。

同治十一年底，他首创中国近代最大的民用企业——轮船招商局。先以朱其昂为总办，后以唐廷枢为总办，徐润、朱其昂、盛宣怀为会办。由此奠定了"官督商办"政策的基调。

其后，李鸿章先后创办了河北磁州煤铁矿等一系列民用企业，涉及矿业、铁路、纺织、电信等各行各业。在经营方针上，也逐渐由官督商办转向官商合办，从客观上促进了中国资本主义的发展，是中国近代化开始的标志。

故居主人小档案

李鸿章

晚清重臣李鸿章(1823—1901)，安徽合肥人，世人多尊称李中堂，亦称李合肥，本名章桐，字渐甫或子黻，号少荃，晚年自号仪叟，别号省心，谥文忠。作为淮军创始人和统帅、洋务运动的主要倡导者之一、晚清重臣，他官至直隶总督兼北洋通商大臣，授文华殿大学士。

日本首相伊藤博文视其为大清帝国中唯一有能耐可和世界列强一争长短之人。著有《李文忠公全集》。

图书在版编目（CIP）数据

图说世界著名故居/阚男男，闻婷编. -- 长春：吉林出版集团有限责任公司，2012.12

（中华青少年科学文化博览丛书／沈丽颖主编．文化卷）

ISBN 978-7-5463-9531-9-02

Ⅰ. ①图… Ⅱ. ① … ②闻… Ⅲ. ①名人-故居-介绍-世界-青年读物②名人-故居-介绍-世界-少年读物 Ⅳ. ①K868.2-49

中国版本图书馆CIP数据核字（2012）第279817号

图说世界著名故居

作　　者／阚男男　闻　婷
责任编辑／张西琳
开　　本／710mm×1000mm　1/16
印　　张／10
字　　数／150千字
版　　次／2012年12月第1版
印　　次／2021年5月第3次
出　　版／吉林出版集团股份有限公司（长春市福祉大路5788号龙腾国际A座）
发　　行／吉林音像出版社有限责任公司
地　　址／长春市福祉大路5788号龙腾国际A座13楼　邮编：130117
印　　刷／三河市华晨印务有限公司
ISBN 978-7-5463-9531-9-02　　定价／39.80元
版权所有　侵权必究　举报电话：0431-86012893